Für Cynthia und Susanne
und für Charlotte, Joel, Max, Alisa und Oscar

Hans-Ulrich Keßler
geboren 1964, Theologe, von 1996-2001 Dozent für Konfirmandenarbeit am Pädagogischen Institut der Evangelischen Kirche von Westfalen. Seit Frühjahr 2002 Konsistorialrat der Pommerschen Evangelischen Kirche.

Burkhardt Nolte
geboren 1967, ist Gemeindepfarrer in Borchen.

Hans-Ulrich Keßler
und Burkhardt Nolte

Konfis
auf Gottsuche

Praxismodelle für eine
handlungsorientierte
Konfirmandenarbeit

Versehen mit einer Prise Theorie
und einer Material-CD-ROM

Gütersloher Verlagshaus

Bibliografische Information Der Deutschen Bibliothek
Die Deutsche Bibliothek verzeichnet diese Publikation in der Deutschen Nationalbibliografie;
detaillierte bibliografische Daten sind im Internet über http://dnb.ddb.de abrufbar.

Für freundlich erteilte Abdruckgenehmigungen danken wir allen Autorinnen, Autoren und Verlagen. Trotz intensiver Bemühungen war es leider nicht immer möglich, den/die Rechtsinhaber/in ausfindig zu machen. Für Hinweise sind wir dankbar. Rechtsansprüche bleiben gewahrt.

ISBN 3-579-03294-1
3. Auflage, 2005
© Gütersloher Verlagshaus GmbH, Gütersloh 2003

Umschlaggestaltung: Init GmbH, Bielefeld,
unter Verwendung einer Illustration zu Johannes 10,9 »Ich bin die Tür; wer durch mich hineingeht, wird gerettet werden.« von Evita Gründler, Regensburg, © bei der Künstlerin
Satz: Katja Rediske, Landesbergen
Druck und Bindung: Grafo S. A., Basauri
Printed in Spain

www.gtvh.de

Inhalt

Vorwort

Vielen Dank, dass Sie unser Buch gekauft haben! Wir hoffen, dass Sie über viele Jahre hinweg viel Freude an unserem Produkt haben. Wir haben alles dafür getan, damit dies tatsächlich der Fall ist: Ständige Qualitätskontrollen in unseren hauseigenen Konfirmandenlabors sichern Ihnen eine hohe Qualität.

Bevor Sie jedoch Ihre Neuerwerbung in Gebrauch nehmen, möchten wir Sie noch auf folgende Dinge hinweisen:

1. Eine ausführliche Gebrauchsanweisung finden Sie im Teil »I. Die Gottesmethode«. Wir weisen Sie ausdrücklich darauf hin, dass bei einer Verwendung des Produkts ohne vorheriges Lesen der Gebrauchsanweisung sämtliche Erfolgsansprüche ausgeschlossen sind. Ebenfalls möchten wir Sie darauf hinweisen, dass absichtlich kein Pädagogiksprachspielvorwissen für die Lektüre der Gebrauchsanweisung von uns vorausgesetzt wird.

2. Dieses Produkt besteht aus zwei Teilen: dem Buch, das Sie gerade in Händen halten, und einer CD. Auf der CD finden Sie alle Arbeitsblätter und Grafiken, die Sie für die Durchführung der Projekte brauchen. Die Verwendung der CD setzt allein das Vorhandensein eines Computers mit einer Version von MS-Word und einen funktionierenden Drucker voraus. Irgendwelche Programminstallationen usw. sind nicht notwendig: Einfach Word laden und die Dateien öffnen! Sie können jedes Arbeitsblatt an Ihre persönlichen Bedürfnisse und Umstände anpassen.

3. An der Entwicklung dieses Produkts waren Menschen auf der ganzen Welt beteiligt. Tim in Schwerte, Natalie in Borchen, Marco in Ergste und Britta in Lüdenscheid sollen nur stellvertretend für die Konfis aus unseren KU-Gruppen genannt sein. Über die Konfis hinaus hat das Feedback vieler Freunde und Kolleginnen uns geholfen: Berna aus Borchen, Christoph aus Valdorf, Christian und Christhard aus Münster – wieder exemplarisch. Danke! Danke! Danke!

Für Konfis, die aufgrund der Anwendung dieses Produkts ihre Konfirmandenzeit ein zweites Mal erleben wollen, können wir leider keine Haftung übernehmen.

In einer schwedischen Möbelhauscafeteria – Hamburg im Herbst 2002

Hans-Ulrich Keßler und Burkhardt Nolte

I. Die Gottesmethode – ein Ausflug in religionspädagogische Theorie

1. Bloß nichts über Gott lernen ...

In unserer Konfirmandenarbeit ist uns Eines ganz wichtig: Wir wollen auf keinen Fall, dass die Jugendlichen etwas über Gott lernen! Warum wir das nicht wollen, soll in diesem ersten, theoretischen Teil etwas genauer erläutert werden.

Nun haben Sie wahrscheinlich unser Buch nicht gekauft, um sich mit pädagogischer Theorie zu beschäftigen. Vermutlich hat Sie in erster Linie die Hoffnung geleitet, dass dieses Buch Sie dabei unterstützt, einen KU auf die Beine zu stellen, der Ihre Konfis in mehr als einer Hinsicht überzeugt. Wir glauben, dass genau das auch geschehen kann. Deshalb haben wir schließlich dieses Buch geschrieben. Aber trotzdem müssen wir Ihnen und uns eingestehen: Unsere Themenerarbeitungen sind keine Selbstläufer – etwa nach dem Motto: Kurz die Arbeitsblätter ausdrucken, verteilen – und schon klappt's.

Unser Buch fordert Sie als Lehrende heraus, sich selbst, die Konfis und religiöses Lernen auf eine bestimmte Art und Weise zu begreifen und entsprechende Haltungen einzunehmen. Wenn Sie erfolgreich mit diesem Buch arbeiten wollen, müssen Sie also zuerst an sich selbst arbeiten. Dabei soll Sie dieser eher theoretische Teil unterstützen. Die Beschäftigung mit ihm ist aus unserer Sicht der erste Schritt, damit Ihnen ein überzeugender KU gelingt.

Wir haben uns bemüht, unsere Theorie mit einer Prise Humor zu würzen. Wir haben die polemische Karikatur öfter mal der differenzierten Darstellung vorgezogen und damit bestimmt einigen Leuten den einen oder anderen Fuß platt getreten. Pardon! Auch haben wir auf die explizite Auseinandersetzung mit Sekundärliteratur verzichtet. Wir hoffen, dass auf diese Weise ein Produkt entstanden ist, das Ihre Lust am Lesen und am pädagogischen Nachdenken provoziert.

Wir springen nun gleich in unseren Gedankengang hinein. Wir halten uns nicht lange mit Definitionsfragen auf – z.B. mit der Frage: Was verstehen wir unter Lernen? Als Voraussetzung für unseren Gedankengang reicht uns zunächst einmal die Tatsache, dass dieser Begriff täglich von vielen verschiedenen Menschen (z.B. von Burkhardt und Hans) benutzt wird und dass dabei an sehr unterschiedlichen Orten (z.B. in Borchen – das ist in Westfalen – und Greifswald – das ist an der Ostsee) Kommunikationsprozesse entstehen, die um vergleichbare Fragen kreisen. Diese Tatsache nehmen wir als Hinweis darauf, dass »irgendwie« immer schon klar ist, worum es beim Lernen geht. Es ist eben noch niemand auf die Idee gekommen, die Umlaufbahn des Mondes um die Erde als Ergebnis eines Lernprozesses ins Gespräch zu bringen, wogegen z.B. das Sprechen der Muttersprache regelmäßig als ein solches betrachtet wird. Das ist unseres Erachtens kein Zufall, den wir uns zunutze machen ☺.

Den Zweck der folgenden Abschnitte möchten wir noch nicht verraten. Aber wahrscheinlich ahnen Sie ohnehin bald, wohin der Hase laufen soll.

Lernen – so oder so ...

Um unsere Vorstellungen zum Thema »Bloßnichtsübergottlernen« anschaulich zu machen, bitten wir Sie um Folgendes: Vervollständigen Sie doch einmal, ohne lange zu überlegen, diese beiden Sätze:

➲ In der Schule habe ich viel über .... gelernt.
➲ In meiner Familie habe ich viel von .... gelernt.

(Nicht einfach weiterlesen! Probieren Sie es doch einmal aus! – Danke!)

Wenn unser kleines Experiment geklappt hat, haben Sie in den ersten Satz einen Gegenstand (wahrscheinlich »das Mogeln bei Klassenarbeiten«), in den zweiten Satz dagegen eine Person (vielleicht »die Tochter des Mannes meiner Schwägerin«) eingetragen. Wenn es nicht geklappt hat, können Sie jetzt trotzdem einfach weiterlesen ... ☺.

Wozu dieses Experiment?
Mit seiner Hilfe möchten wir eine Unterscheidung einführen, die in unserem religionspädagogischen Denken wichtig ist:
Lernen kann man etwas
➲ *»über Gegenstände«* oder
➲ *»von Personen«.*
Natürlich kann man auch beide Lernprozesse verbinden und »von jemandem« etwas »über einen Gegenstand« lernen. Eine solche Verbindung ist eigentlich der Normalfall des Lernens. Jedoch ändert diese Verbindungsmöglichkeit nichts daran, dass mit den Begriffen *»Lernen von«* und *»Lernen über«* zwei sehr unterschiedliche Typen von Lernprozessen beschrieben werden können.
Um diese Unterschiede möglichst prägnant herausarbeiten zu können, machen wir im folgenden Abschnitt aus der Unterscheidung einfach eine Trennung und beschreiben die beiden Lernprozesstypen nacheinander. Das hat den Vorteil, dass wir anschließend gut darstellen können, worum es uns geht. Es hat den Nachteil, dass die Beschreibungen der getrennten Lernprozesse etwas steril und künstlich wirken. Das nehmen wir in Kauf und bitten Sie, das auch zu tun.

Lernen *»über etwas«*

Reden wir zuerst über Lernprozesse *»über etwas«.* Ganz egal, um welche Themen es in diesen Lernprozessen geht – Mogeltechniken, Insekten oder Martin Luther: In ihnen stehen immer Lernende einem Lerngegenstand gegenüber, mit dem sie sich beschäftigen. Den Begriff »Lerngegenstand« brauchen wir noch öfter. Deshalb wollen wir ihn kurz erläutern:
Ein Lerngegenstand ist Repräsentant eines Themas (im Ganzen oder auch nur in Aspekten) des jeweiligen Lernprozesses. Durch ihn gewinnt das Thema eine konkrete Gestalt im Rahmen eines Lernprozesses. Es kann sich bei ihm z.B. um einen Text, gesprochene Wörter, Bastelmaterial, Bilder usw. handeln. Lernende können durch den Lerngegenstand exemplarisch Kompetenzen im Umgang mit (vergleichbaren) Themen im Allgemeinen erwerben.
Lehrende *kann* es bei diesen Lernprozessen geben. Ihre Aufgabe besteht v.a. darin, Lerngegenstände auszuwählen, die Beschäftigung mit ihnen vorzubereiten und methodisch so zu organisieren, dass Lernende das im Lerngegenstand repräsentierte Thema in den Griff bekommen können. Lehrende

muss es aber beim »*Lernen über*« nicht notwendigerweise geben. Haben Lernende so etwas wie eine Lernkompetenz erworben, dann können sie Lernprozesse zu bestimmten Themen durch eine gezielte Auswahl und methodisch gesteuerte Bearbeitung von Lerngegenständen auch selbst organisieren. Der Umgang Jugendlicher mit Computern bietet dafür reichhaltiges Anschauungsmaterial (und zeigt vielleicht auch deren generelle Präferenz in Bezug auf die Frage, ob Lernen »*über etwas*« eher mit oder ohne Lehrende geschehen soll).

Beim »*Lernen über*« kommt den Lernenden der aktive Teil zu: Sie untersuchen, erforschen, befragen, nehmen auseinander und setzen wieder zusammen. Der Lerngegenstand ist entsprechend passiv: Mit ihm wird all das, was oben genannt ist, und noch viel mehr gemacht.

Sind Lehrende an solchen Lernprozessen beteiligt, kann manchmal der Eindruck entstehen, als würden sich Aktivität und Passivität anders als gerade beschrieben verteilen: Lehrende strengen sich rhetorisch und methodisch gewaltig an, während Lernende gelangweilt auf das Ende dieser Anstrengungen warten. Auch wenn diese Verteilung von Aktivität und Passivität zweifellos die Wirklichkeit von manchem Unterricht beschreibt, die Wirklichkeit von Lernen beschreibt sie nicht! Denn wo immer Lernen stattfindet, sind Lernende unweigerlich Subjekte ihrer Lernprozesse und damit aktiv in sie eingebunden. Aber nicht in jedem Unterricht findet ja automatisch auch Lernen statt ...

Das Verhältnis zwischen Lernenden und Lerngegenstand ist u.a. auch geprägt durch Herrschaft und Macht. Der Lerngegenstand ist der Herrschaft der Lernenden unterworfen: Sie machen mit ihm und dadurch auch mit dem in ihm repräsentierten Thema, was sie (oder manchmal eben auch die Lehrenden) wollen. Dieses Herrschaftsverhältnis besteht völlig unabhängig vom Gelingen des Lernprozesses. Denn auch im Rahmen von misslingenden Lernprozessen haben Lernende entweder den Lerngegenstand (und damit auch das Thema) unangemessen verändert und gerade darin ihre Macht gezeigt. Oder Lernende scheitern an einem Lerngegenstand und legen ihn irgendwann einfach weg. Auch darin zeigt sich ihre Herrschaft über ihn.

Natürlich kann es geschehen, dass ein Lerngegenstand Lernende so sehr fasziniert, dass sie die Kontrolle über den Lernprozess verlieren und von dem Lerngegenstand bzw. dem in ihm repräsentierten Thema gleichsam aufgesogen werden. Für eine begrenzte Zeit ist dieser Effekt sogar erwünscht und gehört zum Gelingen des Lernens. Dieses Aufgesogenwerden ändert jedoch das Verhältnis zwischen Lernenden und Lerngegenstand nicht grundsätzlich. Denn am Ende des Lernprozesses legen die Lernenden den Lern-

gegenstand zur Seite und dort bleibt er dann – jedenfalls im Bewusstsein der »*über etwas*« Lernenden – auch liegen.
Übrigens: Sollte dieser Abschied vom Lerngegenstand einmal nicht gelingen (Beispiel: Computerspiele), ist eine Sucht bzw. eine Abhängigkeit entstanden, die einen Fortgang des Lernens ausschließt. Denn ein wichtiges Kennzeichen von Sucht ist ja gerade das jeglicher Kontrolle entzogene Verharren in der ewig gleichen Verhaltensschleife.
Diesem Gedanken jetzt weiter nachzugehen, würde uns zu weit von unserem Thema abbringen. Wir möchten Sie lieber mit dem Lernen »*von jemandem*« beschäftigen. Vorher aber noch *eine kurze Zusammenfassung* dieses Abschnitts:
Beim Lernen »*über etwas*« geht es immer um die Beschäftigung von Lernenden mit Themen, die im konkreten Lernprozess durch Lerngegenstände repräsentiert sind. In dieser Beschäftigung zeigen sich Lernende gegenüber dem Lerngegenstand und damit auch gegenüber dem in ihm repräsentierten Thema als mächtig. Die Funktion von Lehrenden besteht in Auswahl und Vorbereitung der Lerngegenstände sowie der methodischen Strukturierung der Beschäftigung mit ihnen.

Lernen »*von jemandem*«

In solchen Lernprozessen treten Lehrende und Lernende in eine Beziehung. In dieser Beziehung lernen Lernende durch die Lehrenden, ihr Verhältnis zu sich selbst und zur Welt (exemplarisch zumindest durch die Lehrenden vertreten) zu bestimmen und zu gestalten. In ihr erwerben sie exemplarisch Kompetenzen im Umgang mit Beziehungen überhaupt. Beziehung ist DAS Thema der Lernprozesse »*von jemandem*«.
Die Funktion von Lerngegenständen besteht in solchen Lernprozessen darin, Anlässe und Anstöße zur Entfaltung und Entwicklung von Beziehungen zu geben. Das Kriterium für ihre Auswahl liegt in den Möglichkeiten, die sie für eine konstruktive Entwicklung der Beziehung zur Verfügung stellen.
Ein Beispiel:
Lernprozesse im Rahmen von sog. Selbsterfahrungsgruppen illustrieren, worum es uns unter der Überschrift Lernen »*von jemandem*« geht. Haben Sie schon einmal eine Ausbildung bei der Telefonseelsorge oder einen KSA-Kurs gemacht? In solchen Ausbildungsgruppen gibt es immer wieder folgende Situation: Beim Thema Suizid zum Beispiel fordert ein Teilnehmer Informationen zu Hintergründen und Strategien im Umgang mit Suizidge-

fährdeten ein. Am liebsten hätte er einige kurze Artikel zum Thema, die er mit nach Hause nehmen kann (Lernen »*über*«). Aber die Ausbildenden entziehen sich dieser Forderung. Sie inszenieren vielmehr ein Arbeiten an den unterschiedlichen Zugängen zu den Themen Tod und Sterben in der Gruppe – in unseren Worten: Sie inszenieren ein Lernen »*von jemandem*«. Interessanterweise ist es gerade dieses Lernen, das die Handlungskompetenz am Telefon oder beim Gespräch mit Suizidalen deutlich fördert.

Die Beziehung zwischen Lehrenden und Lernenden ist beim Lernen »*von jemandem*« nicht durch eine einseitige Zuordnung von Aktivität und Passivität, von Herrschaft und Macht, ja noch nicht einmal von Lehren und Lernen gekennzeichnet. Vielmehr herrscht in diesen Lernprozessen eine große Dynamik: Häufig finden sich Lehrende und Lernende plötzlich und manchmal sogar ungewollt in Situationen vor, in denen die Ursprungsrollen gewechselt haben. Lehrende sind zu Lernenden geworden und umgekehrt. Es kann sogar geschehen, dass eine eindeutige Zuordnung der Rollen überhaupt nicht mehr möglich ist, weil alle Beteiligten sich zugleich als Lehrende und Lernende empfinden. Diese Rollenkonfusion *kann* beim Lernen »*von jemandem*« Ausdruck eines ausgesprochen gut gelingenden Lernprozesses sein. Denn der Rollenwechsel vom Lernenden zum Lehrenden eröffnet Möglichkeiten, neue Gestaltungen der Beziehung zur Welt auszuprobieren. Es ist eben ein (nicht unerheblicher Weltbeziehungsgestaltungs-)Unterschied, ob ich das Fürchten von jemandem lerne oder jemanden lehre ...

Diese wünschenswerte Möglichkeit des Rollenwechsels ist zugleich ein Hinweis darauf, dass auch Macht und Herrschaft nicht wie beim Lernen »*über etwas*« eindeutig an *eine* Rolle verteilt sind. Vielmehr sind Macht und Herrschaft beim Lernen »*von jemandem*« in gleicher Weise dynamisiert wie die Rollen selbst: Sie kommen nämlich dem zu, der sie für den Moment und um des Lernprozesses willen benötigt. Damit haben Macht und Herrschaft das Kriterium gewonnen, das ihren Einsatz legitimiert und für die Beteiligten glaubwürdig macht. Ihr Gebrauch wird nachvollziehbar, transparent und demokratisch. Ihr Einsatz wird selbst zu einem Akt achtungsvoller Beziehungsgestaltung.

Die beschriebene Dynamisierung von Rollen sowie von Macht und Herrschaft zeigt sich auch in Lernprozessen, in denen das Lernen »*von jemandem*« nicht gelingt: Wenn Lernende es Lehrenden »einmal so richtig zeigen wollen« – aus welchen Gründen auch immer –, begeben sie sich in die Rolle von Lehrenden und ziehen (oft zum Leidwesen der ursprünglich Lehrenden) Macht und Herrschaft über den Lernprozess an sich. Sie nutzen ihn dazu, um Machtverhältnisse in der Beziehung von Lehrenden und Lernenden zu klären. (Aus solch einer Situation kommen Lehrende am einfachsten wieder heraus, indem sie das Beziehungsgeflecht zwischen Lehrenden und Lernenden selbst zum Unterrichtsgegenstand machen. In einen direkten Wettbewerb um Machterhaltung einzutreten, ist in aller Regel kontraproduktiv.)

Auch Lernprozesse des Typs Lernen »*von jemandem*« können zu einem Ende kommen. Doch ist dieses Ende eher ein Abschied, der für Lehrende und Lernende zu einem Anfang auf dem Hintergrund des gemeinsamen Lernprozesses wird und »irgendwie« und »irgendwann« ein Wiedersehen intendiert. (Man könnte vielleicht sagen: Auf Klassentreffen zu Schulabschlussjubiläen vergewissern sich Lehrende und Lernende, dass sie eben nicht Lerngegenstände füreinander waren, sondern Beziehungen im Rahmen von Lernprozessen gestaltet haben.)

Eine kurze Zusammenfassung: Beim Lernen »*von jemandem*« geht es immer um die *Beziehung* zwischen Lehrenden und Lernenden. Charakteristisch für diese Beziehung ist ihre hohe Rollendynamik. Macht und Herrschaft können nicht einseitig einer Rolle zugeordnet werden. Die Funktion von Lerngegenständen besteht beim Lernen »*von jemandem*« darin, Anlässe und Anstöße zur Beziehungsentwicklung zu geben.

Und wozu das Ganze?

Den Zweck dieses Einleitungsteils haben wir – wie oben bereits erwähnt – bisher geheim gehalten. Jetzt wird es langsam Zeit zu sagen, wozu wir diesen ganzen Vorspann brauchen.

Wir hoffen, dass wir Sie für die ja zugegebenermaßen etwas künstliche Unterscheidung von Lernen »*über etwas*« und »*von jemandem*« gewinnen konnten. Wir hoffen auch, dass unsere Beschreibung der Unterschiede zwischen den beiden Lerntypen für Sie im Großen und Ganzen plausibel war. Sollte das der Fall sein, dann werden Sie sich vielleicht auch unserem nächsten Gedanken anschließen können. Den führen wir am einfachsten mit einem Beispiel ein:

Welche Bilder entstehen in Ihrem Kopf, wenn Sie an Tierversuche denken? Vielleicht solche:

- Ohren, die auf Ratten- oder Mäuserücken wachsen?
- Affen – mit unzähligen Elektroden übersät?
- Hunde mit von Kosmetika entzündeten Augen?

• Schafe, die Dolly heißen?

Oder doch eher diese:

• Schwangere Frauen, die ohne hohes Risiko Medikamente nehmen können?

• Säuglinge, die trotz vielfacher Medikationen nicht zu Schaden kommen?

Tierversuche sind anstößig. Was an ihnen anstößig ist, kann man auf vielfältige Weise und je nach Interessenlage unterschiedlich beschreiben. Wir möchten – *unserer* Interessenlage entsprechend – die beiden vorgestellten Lerntypen benutzen, um die Anstößigkeit von Tierversuchen zu entschlüsseln:

Im Rahmen von Tierversuchen werden Tiere untersucht, erforscht, auseinander genommen und – entsorgt. Die Versuchsleitenden machen mit ihnen, was sie wollen. Die Versuchstiere sind ihrer Herrschaft und Macht ausgeliefert. Tierversuche organisieren ein Lernen »über etwas«. Für die Versuchsleitenden werden sie in und durch diese Lernprozesse notwendigerweise zu Lern*gegenständen*. Wäre dies nicht der Fall, könnten sie ihre Arbeit gar nicht tun.

Dieser Vorgang wird von Tierversuchsgegnern und -gegnerinnen als nicht hinnehmbare Degradierung interpretiert. In ihren Augen und in unserer Sprache organisieren Tierversuche ein Lernen »*über*«, wo allein ein Lernen »*von*« angemessen wäre.

Ganz gleich, auf welche Seite Sie sich in diesem Beispiel stellen, als Illustration für unsere religionspädagogische Fragestellung kann es allemal dienen. Ihrer Entfaltung wenden wir uns jetzt zu.

In unserer eigenen Unterrichtspraxis, bei der Arbeit mit einigen gängigen Unterrichtsbüchern und bei Praxisberichten von Kolleginnen und Kollegen hat uns immer wieder ein Gefühl von Unwohlsein beschlichen (die Kollegen und Kolleginnen übrigens in aller Regel auch!): Ob nun thematisch eher traditionell-katechetisch oder progressiv-lebensweltorientiert vorgegangen wurde, irgendwie schien es nur sehr selten zu gelingen, religionspädagogisch so zu arbeiten, dass bei Lehrenden und Lernenden das Gefühl zurückblieb, heute sei es wirklich um Gott gegangen. Trotz der »richtigen« Themen schien sich Gott im Laufe des Lernprozesses in einen fernen und in seiner Relevanz kaum zu begreifenden Schemen zu verwandeln. Obwohl am Ende einer thematischen Reihe vielleicht viele Konfis »Richtiges« über Gott sagen konnten, blieb (nicht nur bei Lehrenden) ein schaler Geschmack zurück.

Neben diesen »Normalerfahrungen« standen jedoch auch »Ausnahmeerfahrungen«, in denen Gott »irgendwie« und zumeist unvermutet mehr war als die Druckerschwärze auf den Arbeitsblättern. Plötzlich schien er eine für den Lernprozess selbst relevante Wirklichkeit geworden zu sein. Das gemeinsame Lernen hatte so etwas wie eine spirituelle Dichte gewonnen. Beim KU-Rückblick vor der Konfirmation stellte sich in aller Regel heraus, dass diese Ausnahmeerfahrungen zwar nicht universal (also gruppenweit), aber deutlich überindividuell waren.

Eine solche Differenzerfahrung weckt natürlich in jedem pädagogisch schlagenden Herzen den Wunsch nach Wiederholbarkeit und Steuerbarkeit der Ausnahmeerfahrung. Aber lässt sich Gott didaktisch *und* methodisch einfangen? Und selbst wenn das gelingen würde, wäre damit nicht eine methodische Herrschaft über Gott hergestellt, welche die Gottheit Gottes wieder entschwinden lassen würde? (Und haben wir das alles nicht schon in der Sakramentenlehre genauestens durchbuchstabiert?)

Wir haben uns durch die sich spontan einstellenden theologischen Bedenken nicht davon abhalten lassen, der Frage nachzugehen, was eigentlich in pädagogischer Hinsicht der charakteristische Unterschied zwischen unseren Normalerfahrungen und der Ausnahmeerfahrung im KU ist. Diesen Unterschied haben wir uns mit Hilfe der beiden vorgestellten Lerntypen entschlüsselt und beschreiben ihn nun folgendermaßen:

Viele Themenerarbeitungen scheinen uns ein didaktisches *und* methodisches Arrangement vorauszusetzen, das (zumindest als Subtext) die Botschaft trägt, Gott sei ein Thema, *über* das man mit Hilfe von bestimmten Lerngegenständen etwas lernen könne. Zielgerichtet werden dort Lernende in einen Lernprozess involviert, der über eine Reihe von »Richtig-und-falsch-Entscheidungen« zu den (nach-)zu sagenden Wahrheiten über Gott führt. Aber wie im Tierversuch das Tier für die Versuchsleitenden sein »Wesen« als Beziehungspartner verliert, so verliert auch Gott beim »*Lernen über*« seine Wirklichkeit als Gegenüber im Rahmen einer lebendigen Beziehung. Genauso wie das Tier der Herrschaft der Versuchsleitenden ausgesetzt ist, so impliziert ein Lernen »*über*« ein Herrschaftsverhältnis der Lernenden über Gott. Ein solches Lernarrangement widerspricht jedoch nicht nur jedem christlich-theologisch gefüllten Begriff von Gott, sondern auch der religiösen Erfahrung von Menschen, zu deren Kern die Einsicht gehört: Nicht wir haben Gott, sondern Gott hat uns. Insofern entschwindet Gott im Rahmen solcher Einheiten tatsächlich aus dem Unterricht. Denn ein Gott, über den etwas gelernt werden kann, als wäre er einfach nur ein Thema wie jedes andere, ist nicht mehr als ein Götze (vgl. Jes 44,9-20).

Damit ist natürlich nicht gesagt, dass Gott sich nicht auch ein Lernen »*über*« zunutze machen kann. Natürlich kann Gott das! (Ob sich dadurch auch erklärt, dass es mehr von den beschriebenen Ausnahmeerfahrungen gibt, als wir uns pädagogisch verdient haben?) Aber unsere pädagogische Aufgabe als Lehrende besteht ja nicht darin, es Gott besonders schwer zu machen, sich als Gott zu erweisen ...

Deshalb bleiben für uns folgende Fragen:

Wie sieht ein didaktisches *und* methodisches Lernarrangement aus,

➲ in dem Gott als eine für den Vollzug des Lernprozesses selbst relevante Wirklichkeit begriffen wird?

➲ in dem Lehrende der »theologischen Tatsache« entsprechen, dass letztlich Gott als *Subjekt* aller religiösen Lernprozesse zu begreifen ist? (Mit dem Begriff »theologische Tatsache« bezeichnen wir eine theologische Denknotwendigkeit wie z.B. in unserem Zusammenhang folgende: Eine Rede von Gott, die ihn nicht zumindest auch als bestimmende Wirklichkeit von religiösen Lernprozessen entfalten kann, führt sich selbst ad absurdum.)

➲ und in dem Lernende eben nichts »*über*«, sondern vielmehr »*von Gott*« lernen können?

Mit diesen Fragen beschäftigt sich unser Buch, indem wir unsere eigene Unterrichtspraxis theologisch und pädagogisch reflektieren.

Wir freuen uns, wenn Sie unseren Gedanken zu den obigen Fragen etwas für Ihren Unterricht abgewinnen können. Am meisten liegt uns jedoch am Herzen, dass Sie sich zumindest durch dieselben Fragen beunruhigen lassen.

2. Gott – Konfis – Unterrichtende: Wie passt das alles zusammen?

Die Aufgabe: Bauen Sie doch mal eine Skulptur ...

Für den nächsten Schritt benötigen Sie drei Gegenstände (z.B. Radiergummi, Anspitzer und Büroklammer). Noch besser ist es, wenn Sie zwei weitere Personen im sprachfähigen Alter finden, die zusammen mit Ihnen an die Stelle der benötigten drei Gegenstände treten. Sollten Sie dieses Buch in einer Öffentlichkeit lesen, deren Aufmerksamkeit Sie zurzeit nicht erregen möchten, können Sie für das Folgende auch die Skizze auf Seite 20 benutzen.

Haben Sie die Gegenstände oder Ihre Mitspielenden gefunden, weisen Sie zunächst jedem bzw. jeder eine der oben genannten drei Rollen zu (Gott, Konfirmandin bzw. Konfirmand und Lehrender bzw. Lehrende; und denken Sie nicht zu viel darüber nach, warum Sie Gott ausgerechnet das Radiergummi zugewiesen haben! »Das Alte ist vergangen ...« Oder war es etwa der Anspitzer? ☺). Sollten Sie mit Personen arbeiten, übernehmen Sie erst einmal die Rolle des bzw. der Lehrenden.

Stellen Sie als Nächstes »Gott« und »Konfirmandin bzw. Konfirmand« in einigem Abstand einander gegenüber (so weit, wie es Ihr Schreibtisch, Arbeitszimmer oder Ihr Stammcafé eben zulassen).

Wenn Sie dieses Bild einen kurzen Moment auf sich wirken lassen, werden sich vermutlich sofort einige theologische Bedenken melden – und zwar zu Recht: Denn die darin hergestellte Analogie zwischen »Gott« und »Konfi« wird einerseits wahrscheinlich weder durch Ihre KU-Erfahrungen (welcher Konfi ist schon wie Gott?) und andererseits hoffentlich auch nicht durch ihre religiösen Erfahrungen gedeckt (oder haben Sie Gott schon einmal so erlebt wie Ihre Konfis?). Ferner fehlt der entstehenden Skulptur ein dynamisches Element. Alle Beteiligten sind mehr oder weniger zur Statik verdammt: Als ob Gott raum-zeitlich gebunden wäre! Und als ob Konfis tatsächlich still stehen würden! Wir bitten Sie jedoch, diese Schwächen zum gegenwärtigen Zeitpunkt in Kauf zu nehmen. Denn sie schaden der Veranschaulichungskraft des Modells kaum.

Ohne die strukturelle, didaktische und methodische Gestaltung Ihrer Konfirmandenarbeit zu kennen, vermuten wir Folgendes: »Irgendwie« wird es Ihnen in Ihrem KU darum gehen, dass zwischen den beiden jetzt modellhaft aufgestellten Polen »Gott« und »Konfi« etwas noch näher zu Beschreibendes geschieht.

Als Lehrende nehmen Sie selbst in Ihrer Konfirmandenarbeit eine bestimmte Position ein, durch die Sie sich in ein Verhältnis zu den beiden anderen Größen setzen. Funktion dieser Position ist es, dieses noch näher zu beschreibende Geschehen »Gott-Konfi« zu gestalten.

Versuchen Sie bitte, sich die von Ihnen eingenommene Position bewusst zu machen, indem Sie sich selbst eine Position in dieser Skulptur suchen: vor, hinter, neben, über oder unter Konfi bzw. Gott – oder was Ihnen sonst noch einfällt. Versuchen Sie bitte, diese Position zu finden, indem Sie sich selbst oder den dafür vorgesehenen Gegenstand an den entsprechenden Ort stellen. Sie können auch wieder mit der Skizze auf dieser Seite arbeiten. Lassen Sie sich Zeit! Probieren Sie verschiedene Positionen so lange aus, bis Sie die stimmigste Konstellation gefunden haben. Wenn Sie mit Personen spielen, lassen Sie sich auf jeden Fall von den Mitspielenden sagen, wie sie das jeweils entstandene Beziehungsgeflecht erleben.

O.k., legen Sie das Buch jetzt bitte beiseite und experimentieren Sie ein wenig mit den drei Größen herum. Viel Spaß dabei!

Welche Position nehmen Sie in Ihrem KU ein, damit zwischen Konfi und Gott das geschehen kann, was Sie sich von Ihrer Konfirmandenarbeit erhoffen? Zeichnen Sie Ihre Position als Kreis in die Skizze ein. Deuten Sie anschließend Ihre Ortswahl. Die Fragen auf der nächsten Seite können Ihnen dabei helfen.

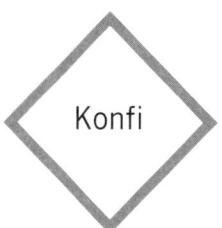

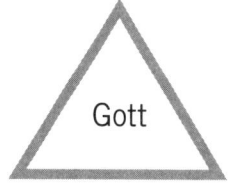

Haben Sie Ihren Ort gefunden? Dann versuchen Sie doch einmal, ihn zu deuten. Die folgenden Satzanfänge können Ihnen dabei helfen:

➲ Ich verbinde mit dieser Ortswahl die Hoffnung, dass ...

_____

_____

➲ Was ich durch sie vermeiden möchte, ist ...

_____

_____

➲ Mit dieser Position nehme ich gegenüber den Konfirmandinnen und Konfirmanden die Rolle eines bzw. einer ...

_____

_____ ein.

➲ Aus Sicht der Konfirmandinnen und Konfirmanden stellt sich meine Rolle folgendermaßen dar:

_____

_____

_____

➲ Gott fällt in meiner Skulptur die Rolle eines/einer ...

_____

_____ zu.

Was mir in Bezug auf die Zuordnung von Gott, Konfirmandinnen und Konfirmanden sowie Unterrichtenden wichtig ist, aber in dieser Konstellation nicht sichtbar wird, ist ...

_____

_____

_____

_____

➲ Was ich sonst noch festhalten will:

_____

_____

Vielen Dank für Ihre Zeit und Arbeit!

Bevor wir Ihnen nun unsere eigene Skulptur präsentieren, möchten wir uns von zwei anderen Konstellationen abgrenzen, die uns hier und da in der Theorie und immer wieder in der Praxis begegnen. Wie schon in den vorhergehenden Abschnitten haben wir auch bei den folgenden Darstellungen die Sachverhalte vereinfacht und überspitzt. Bekanntermaßen kann man ja an der Karikatur Wirklichkeiten schärfer erkennen als an ihrer differenzierten Darstellung.

Sollte eine der beiden Möglichkeiten zufälligerweise der von Ihnen gewählten nahe stehen, bitten wir Sie, unsere Polemik dagegen nicht persönlich zu nehmen. Wir sind uns darüber im Klaren, dass unsere eigene Skulptur keinen höheren Anspruch auf Wahrheit hat als alle anderen denkbaren Möglichkeiten. Denn um die »wahre« Konstruktion des Verhältnisses von Gott, Konfis und Lehrenden zu finden, müsste man erkenntnistheoretisch gesehen einen Standpunkt oberhalb Gottes einnehmen können. Nach unserem Kenntnisstand ist dies aber seit Karl Barth niemandem mehr gelungen (o.k., o.k. – das muss man natürlich viel differenzierter sehen! ☺). Uns geht es bei allen angeführten Konstruktionsversuchen nicht um Wahrheit in einem letzten, theologisch qualifizierten Sinne, sondern um die Aufdeckung von pädagogischen Handlungsmöglichkeiten aufgrund bestimmter Zuordnungen.

Gängiges Modell Nr. 1: Die »römische« Variante

Das erste Modell, gegen das wir uns abgrenzen möchten, positioniert Lehrende irgendwo auf der Linie zwischen Gott und Konfis. In den meisten Fällen ist der bzw. die Lehrende den Jugendlichen zugewendet. Häufig zeigt er oder sie mit einem Finger über die eigene Schulter auf Gott. Wir nennen dieses Modell das »römische«. Denn befragt man diese Lehrenden nach ihrem Verständnis der Aufgabe von KU, so sagen sie in etwa Folgendes: »Es ist meine Aufgabe, den Jugendlichen Gott nahe zu bringen. In meinem Unterricht versuche ich, den Jugendlichen wenigstens das Wesentliche über Gott zu *vermitteln*.«

Die »römische« Variante:

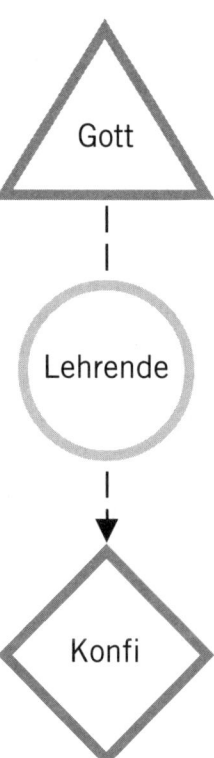

Bittet man den Repräsentanten bzw. die Repräsentantin der Konfis darum, ihren Ort in der Skulptur zu beschreiben, so sagt er bzw. sie in aller Regel dies: »Ich kann Gott nicht mehr sehen. Der Blick auf ihn ist mir durch den bzw. die Lehrende verstellt. Er bzw. sie steht meiner eigenen Beziehung mit Gott im Weg.«

Mit den Lehrenden, die dieses »römische« Modell bevorzugen, teilen wir den theologischen Eros: In ihrer Konfirmandenarbeit soll es wirklich um Gott, Christentum und Glauben gehen.

Was wir aber nicht mit ihnen teilen können, ist ihre Wahrnehmung der Konfirmandinnen und Konfirmanden. Denn ihre Positionierung erweckt bei uns folgenden Eindruck: Solche Lehrende scheinen in den Konfis (vielleicht eher unbewusst als bewusst) eine Art »gottfreien Raum« zu sehen, in den sie (häufig mit Hilfe von Themen wie »die Bibel«, »die Zehn Gebote« oder »Psalm 23«) Gott erst noch hineinzutragen haben.

Darüber hinaus können wir auch eine Wahrnehmung Gottes nicht teilen, die zumindest den Anschein hervorruft, als brauche Gott pfarramtliche oder doch wenigstens kirchlich sanktionierte Mittler, um mit Menschen in Beziehung zu treten.

Außerdem glauben wir, dass das »römische« Modell Lehrende letztlich überfordert. Nach einigen Jahren Konfirmandenarbeit auf dem Boden dieser Konstruktion des Arbeitsfeldes kann man leicht in ein Motivationstief geraten. Denn vor den Augen dieser Unterrichtenden erfüllt sich ihre Wahrnehmung der Konfirmandinnen und Konfirmanden im Sinne einer »self-fulfilling-prophecy«: Weil die Jugendlichen ja tatsächlich immer weniger spezifisch christliches Traditionsgut aus ihren Elternhäusern mitbringen, fühlen sich solche Lehrende oft in ihrer Wahrnehmung bestätigt, die Jugendlichen seien ein »gottfreier Raum«. Dadurch wird die selbst gestellte Vermittlungsaufgabe sowohl dringender als auch wiederum schwerer. Sich in diesem Teufelskreis von »Ichmussdochaber« und »Ichkannabernichtmehr« pädagogisch klug und sinnvoll zu verhalten, fällt schwer. (Damit ist dann auch die Situation entstanden, in der gerne Kursbücher mit fertigen Kopiervorlagen für einen »KU-light«, der weit hinter den ursprünglichen Vorstellungen zurückbleibt, gekauft werden.)

Gängiges Modell Nr. 2:
Die »DuichstreichledichganzsanftamOberarm« Variante

Diese Variante positioniert die Lehrenden in aller Regel in großer Nähe zur Konfirmandin bzw. zum Konfirmanden. Wird diese Skulptur mit Personen gebaut, so steht der bzw. die Lehrende in aller Regel links von Konfi. Der rechte Arm berührt leicht dessen bzw. deren Oberarm, während der linke Arm ausgestreckt ist und die dazugehörige Hand auf Gott weist. Können Sie sich das vorstellen?

Befragt man solche Lehrenden nach den Gründen ihrer Ortswahl, so antworten sie häufig folgendermaßen: »Ich möchte Begleiter, Helferin oder Seelsorger meiner Konfis sein. Ich möchte mich mit ihnen auf einen Weg machen, auf dem sie Gott entdecken können.«

Lässt man wiederum den bzw. die Konfi sprechen, so äußert er bzw. sie in aller Regel: »Ich fühle mich hier nicht wohl. Die Nähe des bzw. der Lehrenden ist mir zu groß. Ich wünschte, er bzw. sie würde mir von der Pelle rücken.«

Die »DuichstreichledichganzsanftamOberarm« Variante:

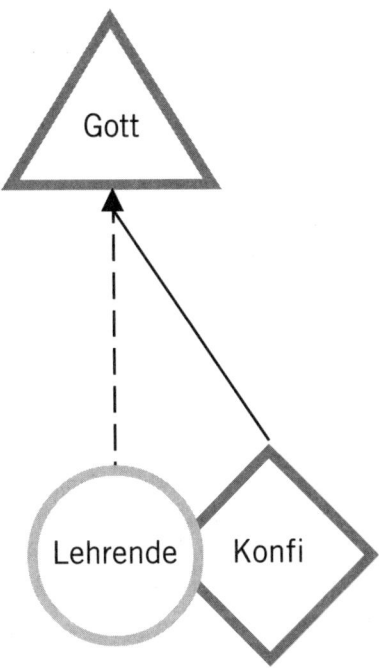

Mit diesen Lehrenden teilen wir ihren pädagogischen Eros: Ihnen sind die Lernenden besonders wichtig. In ihrem KU soll es wirklich um die Konfis gehen. Dieses Zlel versuchen sie durch die Herstellung einer großen Nähe zu den Jugendlichen zu erreichen: Oft lassen sie sich duzen und hier und da auch durchblicken, dass sie zu Hause ja auch Hiphop, House oder was auch immer gerade in der Gruppe angesagt ist, hören. Im Laufe der Zeit wird es jedoch immer anstrengender für sie, hinter den sich stets schneller verändernden und sich stets differenzierter darstellenden Jugendkulturen hinterher zu hecheln.

Unseres Erachtens übersehen diese Lehrenden, dass gerade in der Distanz zwischen Lehrenden und Lernenden ein entscheidendes Hilfsmittel für die Organisation von Lernprozessen liegt. Denn erst die Distanz lässt Lehrende für die Lernenden zu glaubwürdig Fragenden werden. Senden Lehrende durch ihre Haltung gegenüber den Konfis schon immer die Botschaft aus:

»Eigentlich bin ich ja so wie du!«, führen sie ihre eigenen Fragen nach der Wahrnehmung bestimmter Sachverhalte durch die Konfis ad absurdum. Genauso gut könnten sie sich die Antwort gleich selbst geben. Schließlich scheinen sie ja zu wissen, wie die Welt vom Standpunkt der Konfis aussieht.

Der Mut und die Fähigkeit zu einer guten Distanz ist unseres Erachtens eine der entscheidenden »persönlichen« Voraussetzungen für die gelingende Initiierung von Lernprozessen. Sie bringt eine Spannung in den Lernprozess, durch die er nach vorn gedrängt wird.

Außerdem sind wir der Überzeugung, dass Jugendliche Lehrende brauchen, die Lust daran haben, erwachsen zu sein. Erwachsene, die auf ewig so sein wollen wie Jugendliche, gibt es in dieser Gesellschaft schon genug. Aber das ist ein anderes Thema. Wenden wir uns lieber wieder der »DuichstreichledichganzsanftamOberarm« Variante selbst zu.

Wir halten nämlich nicht nur die distanzlose Haltung der Lehrenden in dieser Variante für wenig hilfreich, wir sind darüber hinaus auch gegenüber der Weg-Metapher skeptisch. So gut sie sich zunächst auch anhört (nämlich nach Entwicklung, Prozess und »Fort-Schreiten«), so (theologisch-)problematisch erscheinen uns die häufig (nicht immer und nicht zwingend!) mit ihr (unbewusst?) verbundenen Annahmen, dass

a) Lehrende den zu gehenden Weg wüssten – und zwar im Gegensatz zu Lernenden und dass

b) Gott überhaupt erst am Ende eines noch zurückzulegenden Weges zu erreichen sei.

Die zweite Annahme widerspricht nach unserer Auffassung zentralen Vorstellungen der Bibel, denen zufolge Gottes Gegenwart (durchaus unvermutet) als stets vorgängige entdeckt wird (vgl. z.B. Gen 28,10ff.). Die erste Annahme rückt die »DuichstreichledichganzsanftamOberarm« Variante in eine unerwartete Nähe zur »römischen«: Denn sie teilt die Gruppe in solche, die wissen, wo Gott zu finden ist, und solche, die das eben nicht wissen. Bleibt die Frage, woher eigentlich dieses unterscheidende Wissen kommt: durch ein Theologiestudium, durch Lebenserfahrung, durch eine Ordination? Unseres Erachtens ist gegenüber solchen Vorstellungen protestantischer Protest angebracht. Denn das Wissen um Gott kann durch keine »menschlichen« Maßnahmen seiner prinzipiellen Strittigkeit entzogen werden – auch nicht in religiösen Lernprozessen! Dazu aber mehr im Abschnitt »Die drei Säulen …«. Jetzt erst einmal zu unserer Skulpturvariante.

Unser Modell: »Der flotte Dreier«

Wir schlagen Ihnen vor, das Verhältnis von Lehrenden, Lernenden und Gott als ein gleichseitiges Dreieck zu konstruieren. Durch die Gleichseitigkeit des Dreiecks wollen wir Folgendes zur Darstellung bringen:

a) Lehrende sind Gott nicht prinzipiell näher als Lernende. Oder umgekehrt: Lernende sind nicht prinzipiell weiter von Gott entfernt als Lehrende.

b) Lehrende und Lernende stehen in einer je eigenen Beziehung zu Gott. In dieser Beziehung hat niemand anderes etwas zu suchen.

c) Gott ist nie weiter entfernt als der Mensch, für den wir der oder die Nächste sind; für Lehrende sind das die Lernenden (vgl. Mt 25,31ff.).

d) Lernende und Lehrende stehen in guter Distanz zueinander. Sie sind unterschiedliche Menschen mit unterschiedlichen Lebenshorizonten. Gerade deswegen haben sie sich etwas zu sagen.

Wir hoffen, dass Sie diese Punkte als die Kehrseiten unserer Abgrenzungen in den beiden vorhergehenden Abschnitten wiedererkennen können. Deshalb wollen wir dazu auch gar nicht mehr sagen, sondern Sie mit einer anderen Fragestellung konfrontieren. Hier ist sie:

Als Verantwortliche für religionspädagogische Lernprozesse schreiten Sie (zumindest gedanklich) ständig dieses Dreieck ab. Dabei haben Sie zwei Möglichkeiten:

Sie können sich von Ihrer Position aus zunächst Richtung Konfi bewegen und von dort aus Richtung Gott blicken. Vielleicht befragen Sie den bzw. die Jugendlichen (in Gedanken oder auch real): »Wie heißt das 6. Gebot? Sagt einmal das Vaterunser auf? Wie geht Psalm 23? Worum geht es im dritten Artikel des Glaubensbekenntnisses? Betet ihr? Was bringt ihr eigentlich noch von zu Hause mit an religiöser Sozialisation?« Mit jeder »falschen« Antwort werden Sie sich der Distanz zwischen Konfis und Gott bewusster.

Eine solche Befragung ist keine Adressatenanalyse im klassischen Sinn. Wir behaupten aber, dass sich viele Lehrende ein Bild von den ihnen anvertrauten Lernenden (er)schaffen – und zwar schon lange bevor sie eine »klassische« Adressatenanalyse durchgeführt haben. Die Erschaffung dieses Bildes selbst stellt noch kein pädagogisches Problem dar. Im Gegenteil: Lehrende können überhaupt nur anfangen, unterrichtlich zu agieren, wenn sie sich ein Bild von den Lernprozess-Adressaten gemacht haben.

Ein pädagogisches Problem entsteht jedoch dann, wenn dieses Bild ein relativ unreflektiertes Konglomerat aus eigenen unterrichtlichen Frustrati-

onserfahrungen, medienwirksamen Berichten über gewaltbereite Jugendliche und Fetzen aus Pisa-Studien usw. darstellt.
Wenn ein solchermaßen entstandenes, höchst defizitäres Bild in Lehrenden Raum greift und sich langsam zu einer mehr oder vielleicht eher weniger bewussten Grundhaltung gegenüber den Lernenden verdichtet, wird ein konstruktives pädagogisches Handeln unmöglich. Die Jugendlichen erscheinen solchen Lehrenden wie ein Schweizer Käse: relativ scharf, nur in kleinen Mengen zu genießen und vor allem: voller großer Löcher. Ihr unterrichtliches Agieren konzentriert sich folgerichtig auf die Beseitigung dieser Löcher. Sie zu stopfen und die Konfis eher wie einen milden Butterkäse aussehen zu lassen, ist das erklärte Ziel dieser Lehrenden.

Dreiecksbeziehung im Rahmen defizitärer Konstruktionen von Lernenden durch Lehrende:

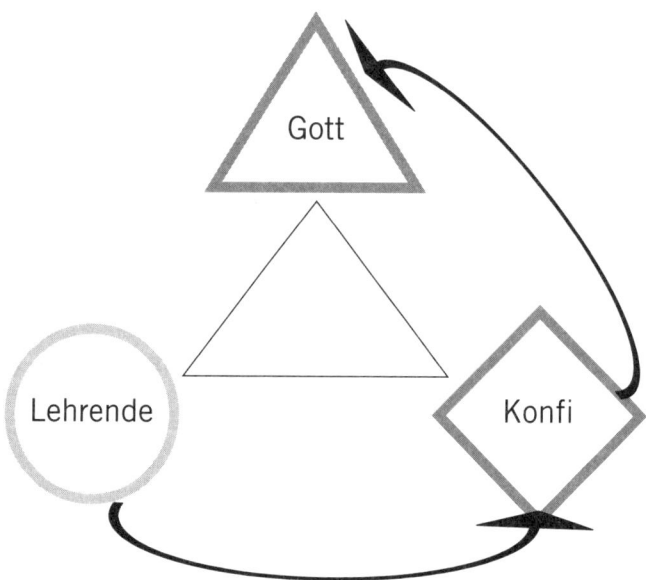

Defizitäre Konstruktionen in pädagogischen Zusammenhängen sind jedoch für das Gelingen von Lernprozessen tödlich. Sie wirken wie ein »Herumprockeln« an Löchern, die dadurch immer nur noch größer werden. Defizitäre Konstruktionen sind wie ein Fluch: Wer sich auf sie einlässt, arbeitet unweigerlich an der Vergrößerung des Defizits mit, das er eigentlich beseitigen will.

Jede Methodik, sei sie noch so ausgefeilt und interessant, wird von Lernenden immer durch den Filter der Grundhaltung wahrgenommen und bewertet, die den Lehrenden abgespürt wird. Deshalb ist eine nicht-defizitäre Konstruktion der Lernenden, welche die Lehrenden im Sinne einer Grundhaltung bestimmt, für das Gelingen von Lernprozessen von weitaus entscheidenderer Bedeutung als die gewählte Methodik. (Und deshalb sind wir froh, dass Sie nicht gleich zu den Themenerarbeitungen geblättert haben. Danke!) Auf diesem Hintergrund ist es absolut plausibel, dass Aussagen von Schülerinnen und Schülern in Umfragen zur Qualität ihres Unterrichts fast durchgängig Urteile über die Person des Lehrenden sind.

Wir möchten die Wichtigkeit der Grundhaltung von Lehrenden noch durch einen weiteren Gedanken erläutern: Kommunikationstheorien unterschiedlicher Couleur haben darauf aufmerksam gemacht, dass Inhalte grundsätzlich nur über die Brücke einer gelingenden Beziehung transportiert werden können. Die Grundhaltung von Lehrenden baut die Beziehungsbrücke; die Methodik sorgt für einen sach- und adressatengemäßen Transport.

Konnten wir Sie von der entscheidenden Wichtigkeit einer nicht-defizitären Konstruktion von Lernenden überzeugen? Dann kann es ja weitergehen. Denn die Antwort auf die Frage, wie solch eine Konstruktion eigentlich gelingen kann, sind wir Ihnen ja noch schuldig. Sollten wir Sie allerdings bisher nicht überzeugt haben, müssen wir wahrscheinlich direkt miteinander ins Gespräch kommen. Unsere Email-Adressen finden sie deshalb ein paar Seiten weiter unten.

Die Schwierigkeit, zu einer nicht-defizitären Konstruktion von Konfirmandinnen und Konfirmanden zu kommen, liegt in Folgendem: Die Erfahrung von Lehrenden mit ihnen spricht *für* eine defizitäre Konstruktion. Denn Konfis sind wirklich anstrengend! Sie honorieren nur selten ausdrücklich die Zeit und Energie, die Lehrende in Vorbereitung und Durchführung von Konfirmandenarbeit stecken. Viel öfter geben sie Lehrenden Anlass, gekränkt aus dem Unterricht zu gehen. Wie kann also eine nicht-defizitäre Konstruktion von Konfis gelingen, die stärker ist als solche Erfahrungen und deshalb eine Chance hat, die Grundhaltung von Lehrenden gegenüber Lernenden zu bestimmen?

Um dies zu erreichen, schlagen wir Ihnen Folgendes vor: Gehen Sie das gleichseitige Dreieck einmal andersherum ab als bisher! Bewegen Sie sich gedanklich auf die Position Gottes. Blicken Sie von dort aus auf den bzw. die Konfi und stellen Sie sich folgender »theologischen Tatsache« (vgl. dazu oben): Zu dem Zeitpunkt, an dem der bzw. die Jugendliche zum Konfi in Ihrem KU wird, ist Gott bereits 12 Jahre eine Wirklichkeit in seinem bzw.

ihren Leben gewesen. Es ist deshalb gar nicht Ihre Aufgabe, Gott an die Konfis zu »vermitteln« oder die Konfis auf den Weg zu Gott zu bringen. Denn wenn Gott wirklich Gott ist, dann kann seine Wirklichkeit unmöglich spurlos an den Konfis vorübergegangen sein. Sie begegnen Ihnen als bereits langjährig von Gottes Wirklichkeit affizierte Menschen.

Dreiecksbeziehung im Rahmen nicht-defizitärer Konstruktionen von Lernenden durch Lehrende:

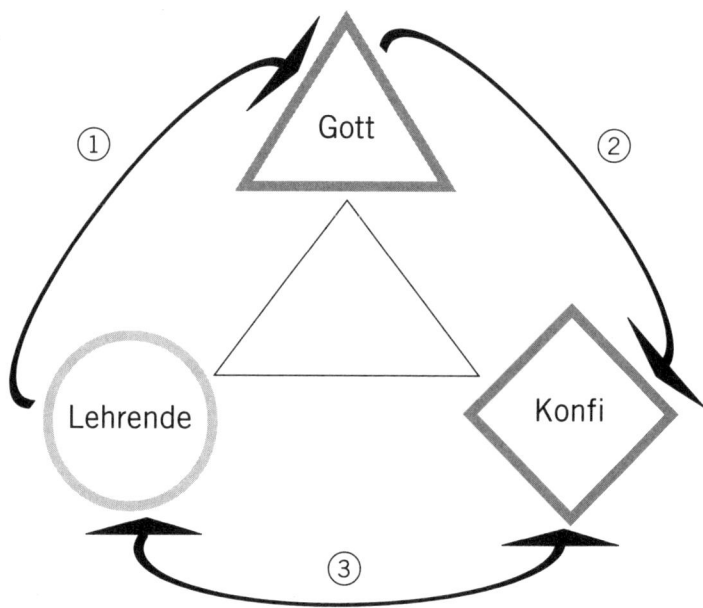

Konfirmandenarbeit ist eigentlich nichts anderes als der Austausch zwischen Lehrenden und Lernenden über dieses Affiziert-Sein durch Gottes Wirklichkeit. Dabei kann es nicht ausbleiben, dass Lehrende zu Lernenden und Lernende zu Lehrenden werden. Schließlich *lernen* sie *von*einander und gemeinsam *von* dem Gott, der als Wirklichkeit auch das Geschehen des KU prägt (vgl. dazu oben den Abschnitt zum Thema »Lernen *von*«).
Konfis bringen vielleicht kein Wissen über Psalm 23, die Zehn Gebote oder das Glaubensbekenntnis mit. Sie sind wahrscheinlich in nur geringem Maße spezifisch christlich sozialisiert. Und doch bringen sie eine 12-jährige Geschichte des Affiziert-Seins durch Gottes Wirklichkeit mit in den KU (die

auch im Moment des Betretens des KU-Raumes nicht aufhört). In dieser »theologischen Tatsache« sehen wir die Grundlage für eine nicht-defizitäre Konstruktion von Lernenden.

Übrigens: Diese »theologische Tatsache« ist *Ihre* (bzw. unsere) Unterstellung an die Konfis. Sie ist Ergebnis *Ihrer* (bzw. unserer) theologischen Reflexion über das Verhältnis von Gott und Welt (Ps 24,1). Sie hat die Funktion, *Ihnen* (bzw. uns) bei der Entwicklung einer Grundhaltung zu helfen, die durch eine nicht-defizitäre Konstruktion der Lernenden bestimmt ist. Um dies leisten zu können, muss diese Unterstellung nicht zu einer Befindlichkeit der Lernenden selbst werden: Die Konfis *müssen* sich nicht selbst in einer Beziehung zu Gott verstehen, damit die theologische »Unterstellung« für Lehrende wirksam werden kann. An dieser *einen* Stelle (und wirklich nur an dieser!) »verstehen« Lehrende die Lernenden besser, als sie sich unter Umständen selbst verstehen können.

Können Sie etwas mit unserem Konstruktionsvorschlag anfangen? Wir würden gern in ein Gespräch mit Ihnen darüber treten und bieten Ihnen deshalb an, Ihre Kommentare zu diesem Fragekomplex an uns zu mailen (E-Mail: kessler@pom-ev-kirche.de). Wir freuen uns über Ihre Rückmeldungen und werden uns bemühen, Ihnen zu antworten (vorausgesetzt, nicht mehr als die kalkulierten 50 Personen reagieren direkt).

Auf dieser und der folgenden Seite haben Sie Gelegenheit, Ihre Gedanken zum Thema der theologischen Konstruktion des Arbeitsfeldes zu ordnen. Wir bieten Ihnen noch einmal ein paar Satzanfänge an, die Ihnen dabei helfen können:

Worin sehe ich den größten Unterschied zwischen meiner Konstruktion des Arbeitsfeldes und derjenigen, die Burkhardt und Hans vorschlagen?

_____

_____

_____

_____

➲ Welche Vorteile bietet meine Konstruktion in Bezug auf pädagogische Handlungsmöglichkeiten im Unterricht?

_____

_____

_____

➲ Welche Vorteile bietet die Konstruktion von Burkhardt und Hans in Bezug auf pädagogische Handlungsmöglichkeiten im Unterricht?

_____

_____

_____

➲ Was müsste ich in meinem unterrichtlichen Handeln verändern, wenn ich mir die hier vorgeschlagene Konstruktion zu Eigen machen würde?

_____

_____

_____

➲ Welche Frage ist für mich noch unbeantwortet? (Emailadresse s.o.) Oder: Was ich sonst noch festhalten will:

_____

_____

_____

Welche Vorteile *wir* in unserer Konstruktion des Arbeitsfeldes sehen, fassen wir an dieser Stelle kurz zusammen:

➲ Unser Konstruktionsvorschlag entlastet Lehrende von theologischen Über-forderungen: Sie müssen sich weder als Menschen verstehen, die Gott an Konfis zu vermitteln hätten. Noch müssen sie ihre Aufgabe darin sehen, die Konfis auf den Weg zu Gott zu bringen. Die theologische Forderung an Lehrende lautet vielmehr: Entspreche in deinem Lehren der immer schon vorgängigen Wirklichkeit Gottes. (Dazu, wie wir uns das *methodisch* vorstellen, sagen wir mehr im Abschnitt D)

➲ Unser Vorschlag entlastet Lehrende auch von pädagogischen Vulgärfor-derungen wie z.B. »Liebe deine Konfis!« Wir halten solche Imperative für eine Gnaden-lose Überforderung von Lehrenden. Aber auch die pä-dagogische Populärforderung nach Wertschätzung der Lernenden hat es in sich: Denn der Begriff fordert die Feststellung eines erkennbaren Wertes der Lernenden durch die Lehrenden. Der Grund der Wertschätzung soll in den Zu-Wertschätzenden selbst gesucht werden – was angesichts mancher real existierender Konfis eine hohe Anforderung an Lehrende ist.

Mit unserer Konstruktion schlagen wir nicht vor, sich von dem Wert-schätzungsimperativ zu verabschieden. Aber wir schlagen vor, den Grund der Wertschätzung sozusagen »extra Konfem« ☺ zu suchen: nämlich in der liebevollen Zuwendung Gottes zu den Jugendlichen. Damit lautet der pädagogisch-religiöse Imperativ: *Entspreche in deinem Lehren dei-ner Glaubensüberzeugung, dass auch Konfis kein gottfreier Raum sind.* (Eine weitere kleine Bemerkung dazu können wir uns nicht verkneifen: Diese Möglichkeit, Wertschätzung »extra-mäßig« in Gott zu begründen, stellt für Religionspädagogen und -pädagoginnen einen klaren Vorteil gegenüber »weltlichen« Pädagoginnen und Pädagogen dar. Hier könnte Religionspädagogik ein echtes Entlastungsangebot an Lehrende machen und mit dem pädagogischen Nutzen des sie begründenden Weltbilds werben. Warum wird in der religionspädagogischen Theorie und der in-terdisziplinären pädagogischen Diskussion eigentlich so wenig mit die-sem Pfund gewuchert? Natürlich werden nicht unbedingt alle pädagogi-schen Gesprächspartner und -partnerinnen die theologischen Vorausset-zungen teilen. Aber warum dieser Sachverhalt daran hindern sollte, von eigenen Erfahrungen im Rahmen einer »Erfahrungswissenschaft« zu re-den, ist uns unklar. Aber das ist – schon wieder – eine Frage, die zu weit von unserem Thema abführt. Stattdessen lieber unsere Zusammenfas-sung des Abschnitts:)

Die beschriebenen Entlastungen stellen den Grund dar, auf dem eine Grundhaltung von Lehrenden wachsen kann, die durch eine nicht-defizitäre Konstruktion von Lernenden geprägt ist. Im Rahmen einer solchen Konstruktion entstehen tragfähige Beziehungsbrücken, über die der Austausch von »Glaubensinhalten« geschehen kann.

Darüber hinaus sind wir der Überzeugung, dass nicht-defizitäre Beziehungskonstruktionen einen fast unwiderstehlichen Sog ausüben, in den nach und nach auch die Beziehungen unter den Lernenden geraten (vgl. Lk 13,21). Damit entsteht in der Konfirmandenarbeit ein Beziehungsklima, das den Geist Gottes atmet.

3. Warum mache ich das bloß? Überlegungen zum Ziel von Konfirmandenarbeit

Worin eigentlich das Ziel von Konfirmandenarbeit besteht, ist relativ unklar. Die Ursachen dafür sind vielfältig. Einige stellen wir im Abschnitt zum Thema Konfirmation dar. An dieser Stelle reicht uns die schlichte Tatsache, die für jeden durch einen Blick auf die Konfirmandenarbeit unterschiedlicher Gemeinden oder verschiedener Länder erkennbar wird. Wer ein Buch über Konfirmandenarbeit schreibt, tut deshalb gut daran, sich selbst und den Lesenden Rechenschaft darüber zu geben, worin er bzw. sie das Ziel dieses Unternehmens sieht. Das ist der Sinn dieses Abschnitts. In traditioneller pädagogischer Sprache würde seine Überschrift in etwa lauten: »Das Globalziel von Konfirmandenarbeit«.

Zum Begriff »Globalziel« und damit auch zur Funktion dieses Abschnitts noch eine kurze Anmerkung: Der Begriff »Globalziel« ist eigentlich ein Griff in die Trickkiste pädagogischer Theorie. Er soll nämlich das Letztbegründungsproblem in der Pädagogik lösen: Wer pädagogisch arbeitet, muss in der Lage sein, seine bzw. ihre Themenauswahl und die Zielrichtung der Themenentfaltungen zu begründen. Dabei kann er oder sie jedoch nicht auf Aspekte einer vorfindlichen Unterrichtswirklichkeit rekurrieren – etwa nach dem Motto: Viele Konfis können die Zehn Gebote nicht mehr auswendig. Deshalb müssen wir sie unterrichtlich bearbeiten.

Wer so argumentiert, müsste sich u.a. fragen lassen, warum er bzw. sie überhaupt ein Thema bearbeiten möchte, das nach exegetischer Erkenntnis nicht für Jungen und Mädchen, sondern für erwachsene Männer gedacht ist.

Etwas abstrakter formuliert: Ein Ziel kann nicht allein durch Rekurs auf eine vorfindliche Wirklichkeit begründet werden, weil sich ein Sollen prinzipiell nicht aus einem Sein eindeutig ableiten lässt. Wer das versucht, begeht den sogenannten naturalistischen Fehlschluss, für den man von zuständigen Erkenntnistheoretikern sofort bestraft wird.

Weil aber Pädagogen nicht gern bestraft werden und weil sie sich nicht mit einer endlosen Reihe von Begründungen aufhalten wollen und weil sie schließlich endlich einmal mit dem Unterrichten anfangen möchten, hat sich die pädagogische Theorie das Globalziel geschaffen. Von ihm behauptet man einfach, es bedürfe keiner weiteren Begründung, weil es evident sei. Wichtig an diesem Globalziel ist, dass aus ihm konkrete Themenstellungen plausibel abgeleitet werden können. Dann erfüllt es seine Funktion im Rahmen pädagogischer Theorie.

Weil der Begriff »Globalziel« aber nicht gerade einen Sturm von Ideen in unseren Hirnen auslöst, gehen wir die Fragestellung ein wenig anders an. Wir benutzen eine Theorie zur Darstellung gesellschaftlicher Entwicklung, um unsere Fragestellung zu entfalten. Diese Theorie präsentieren wir ein wenig verkürzt und ohne einige notwendige Differenzierungen, sodass Sie hinterher sagen werden: »Irgendwie war das Ganze ja ein bisschen schief!« Und wir können Ihnen jetzt schon versichern: »Da haben Sie Recht!« Trotzdem bitten wir Sie, sich auf unseren Gedankengang einzulassen. Wir versprechen Ihnen, dass er zur Klärung Ihrer eigenen Ideen wirklich nützlich ist.

Oikos und Co ...

Wir fangen fast bei Adam und Eva an – nämlich im 18. Jahrhundert: Zu dieser Zeit war das Leben der meisten Menschen, die auf dem Boden des heutigen Deutschland lebten, im so genannten »Oikos« organisiert. Mit diesem Wort bringen Soziologen und Soziologinnen bestimmter Provenienz folgenden Sachverhalt auf den Begriff: Leben, Lernen, Arbeiten und Fürsorge fanden für die Menschen des 18. Jahrhunderts im Wesentlichen in einem einzigen »Haus« statt. (»Haus« meint in diesem Zusammenhang nicht nur das Gebäude, sondern auch den Lebenszusammenhang der in ihm lebenden Personen.)

Ein Beispiel: Der Dorfschmied nimmt ab einem bestimmten Alter seinen ältesten Sohn mit in die an das Wohnhaus angebaute Werkstatt. Dort probiert der Sohn die Werkzeuge des Vaters aus, indem er nachahmt, was er bei diesem beobachtet hat. Die Mutter nimmt ihre Töchter am Waschtag mit zum Wäschewaschen. Sie zeigt ihnen die Bleichwiese. Sie konserviert mit ihnen die Lebensmittel, welche der Familie helfen, durch den Winter zu kommen. Die Großeltern beteiligen sich so gut sie können an der ökonomischen Absicherung der Familie. Geraten sie an ihre Grenzen, ist ihnen – wie auch anderen Bedürftigen der Familie – die Fürsorge der Familie sicher. Das Lernen der Kinder ist unmittelbar auf die Anschauung bezogen. Sie lernen im »wirklichen Leben«. Das macht ihnen diese Lernprozesse auf der einen Seite sehr plausibel. Der Zusammenhang von Lernen und Überleben ist anschaulich. Auf der anderen Seite ist aber das Lernen im »wirklichen Leben« auch riskant: Wird hier etwas falsch gemacht, hat das für die ganze Familie Konsequenzen (es ist eben ein

bis ins 18. Jh.
Leben im **Oikos**:

Lernen
Arbeiten
Fürsorge

unter einem Dach

Unterschied, ob ich den Chemiesaal der Schule oder die Werkstatt des Vaters explodieren lasse ...).

Im 19. Jahrhundert ändert sich diese Art und Weise der Lebensorganisation für viele Menschen auf dem Boden des heutigen Deutschland dramatisch: Die Dampfmaschine bestimmt zunehmend den Takt industrieller Produktion und familiären Lebens. »Was ist eine Dampfmaschin'?« Nun ... was auch immer eine Dampfmaschine ist, sie ist auf jeden Fall sehr teuer. Nicht jeder Handwerker kann sie sich leisten. So kommt nicht mehr das Werkzeug zum Handwerker, sondern der Arbeiter (und bald auch die Arbeiterin) zur Maschine. Die ökonomische Reproduktion der Gesellschaft findet jetzt in eigenen, extra dafür geschaffenen »Häusern« statt. Damit fehlen zugleich im Haus der Familie die Personen, in deren erfahrenen Händen das Lernen der Familienkinder gelegen hatte.

In dieser Situation (und bedingt durch weitere, hier ausgeblendete geistesgeschichtliche Faktoren) wird die allgemeine Schulpflicht zu einer Realität für eine immer größere Zahl von Kindern. Das Lernen wird ausgelagert in das Schul-Haus. Zu den zentralen Aufgaben der Schule gehört es, die Kinder auf ihre Teilnahme an der ökonomischen Reproduktion der Gesellschaft vorzubereiten. Wichtigster Bezugsort der Schule ist der industrielle Fertigungsprozess. Gelernt wird vor allem, was ihm dient (die Ökonomisierung des Bildungsbegriff ist also gar kein Thema des ausgehenden 20. und beginnenden 21. Jahrhunderts. Aber das ist schon wieder ein anderes Thema ...).

Das Lernen in der Schule ist nicht mehr so unmittelbar auf die Anschauung bezogen wie das Lernen im »Oikos«: Es findet nicht im »wirklichen Leben«, sondern in einer Art Labor statt. Diese »Lernortverlagerung« hat den Nachteil, dass der Sinn bestimmter Lernprozesse für die Lernenden nachträglich plausibilisiert werden muss. (Man könnte auch sagen: Die Erstgeburt der Schule ist die Motivationsphase. Das ist natürlich kein historisches Urteil!) Sie hat den Vorteil, dass das Lernen selbst ungefährlicher geworden ist: Es hat Experimentcharakter gewonnen.

Nur noch der Vollständigkeit halber: Vom »Oikos« übrig geblieben sind noch die Alten, die sich nicht mehr vollständig selbst versorgen können. So entstehen im 19. Jahrhundert langsam aber sicher große diakonische Werke und staatliche Sicherungssysteme. In ihren Häusern werden die versorgt, die im Haus der Arbeit keinen Ort finden können.

Am Ende dieses Prozesses ist eine auf eine neue Weise differenzierte Gesellschaft entstanden, die sich unschwer als enge Verwandte unserer heutigen Gesellschaft erkennen lässt.

Und was hat das alles mit dem Ziel von Konfirmandenarbeit zu tun? Dazu kommen wir jetzt, indem wir Sie um Folgendes bitten:

Schauen Sie sich das Schaubild auf der nächsten Seite an. Es stellt die unterschiedlichen »Häuser« der oben beschriebenen differenzierten Gesellschaft dar. Durch einen Pfeil ist der enge Zusammenhang zwischen dem Schul-Haus und dem Haus der Arbeit gekennzeichnet. Der Pfeil weist darauf hin: Im Haus der Schule werden die Kinder »fit« gemacht für ein Leben im Haus der Arbeit.

Wir haben die Begriffe Schule und Arbeit durchgestrichen. Den Begriff Schule haben wir schon durch das Wort »Konfirmandenarbeit« ersetzt. Im Haus der Arbeit fehlt aber noch der Ersatzbegriff. Wir bitten Sie, diesen nachzutragen: Wofür wollen Sie Konfis eigentlich mit Ihrer Konfirmandenarbeit »fit« machen?

Zur Verdeutlichung: Auf unseren Fortbildungen haben manche Pfarrer und Pfarrerinnen in das Haus »Arbeit« z.B. »Gottesdienst« eingetragen. Damit wollten sie zum Ausdruck bringen, dass sie ihre Konfis für eine kompetente Teilnahme am Gottesdienst »fit« machen wollen.

Bitte nehmen Sie sich einen Augenblick Zeit und versuchen Sie, die Bezugsgröße für Ihren KU zu finden.

Welche Bezugsgröße hat Ihre Konfirmandenarbeit?

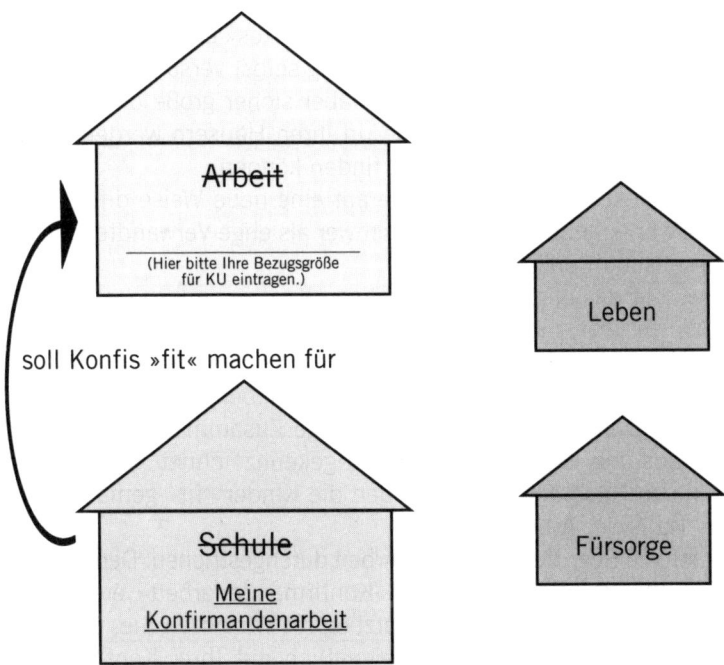

Wenn Sie Ihre Bezugsgröße gefunden haben, können Sie ihrer Bedeutung für Ihre Konfirmandenarbeit noch ein wenig nachgehen, indem Sie die folgenden Satzanfänge weiterführen oder die Fragen beantworten:

➲ In meiner Konfirmandenarbeit möchte ich die Konfis dafür »fit« machen, dass sie …

_____

_____

➲ Ich glaube, dass meine Konfis von dieser Zielsetzung Folgendes halten:

_____

_____

➲ Um mein Ziel zu erreichen, muss es u.a. um folgende Themen in meinem KU gehen:

_____

_____

➲ Die Unterrichtsmaterialien, die ich verwende, unterstützen mein Ziel dadurch, dass …

_____

_____

➲ Was ich sonst noch zu meiner Zielsetzung festhalten möchte:

_____

_____

_____

_____

_____

_____

Warum Burkhardt und Hans das alles machen ... – unser Ziel für die Konfirmandenarbeit

Nach unserer Einschätzung sind die Konfirmandenarbeit selbst sowie die Diskussion über sie häufig durch eine unglückliche Alternative bestimmt. Ihre (wie üblich ein wenig überspitzte) Darstellung benutzen wir, um unsere Zielvorstellung zu profilieren:

Da gibt es auf der einen Seite die Verfechter der katechetischen Tradition. Häufig verstehen sie sich selbst als Kämpfer gegen eine abbröckelnde kirchlich-christliche Sozialisation. Sie haben sich die Weitergabe des Glaubens auf ihre Fahnen geschrieben und versuchen, dieses Ziel im Wesentlichen durch die Vermittlung der Katechismusstücke zu erreichen. In ihnen finden sie »das Wesentliche« des christlichen Glaubens zusammengefasst. (Übrigens verknüpft sich diese Position häufig mit einem *»Lernen über«* und der »römischen« Variante.)

Mit dieser Position teilen wir die Auffassung, dass christliche Glaubensinhalte explizit thematisiert werden müssen, weil sie sich nicht »einfach so« ergeben. Folgende pädagogische Annahme, die sich fast regelmäßig im Zusammenhang mit dieser Position findet, teilen wir jedoch nicht: nämlich dass das Lehren dieser Inhalte sozusagen »automatisch« (wenn methodisch richtig gearbeitet wurde bzw. die Lernenden nicht zu »doof« sind) ihr Lernen zeitige. Lehren und Lernen sind nach unserer Auffassung zwei unterschiedliche und deshalb sorgfältig zu unterscheidende Vorgänge. Mit dem Lehren bestimmter Texte ist deshalb noch lange nicht über das Lernen bestimmter Inhalte entschieden. Dazu aber mehr im folgenden Abschnitt.

Die andere Seite der oben genannten Alternative ist repräsentiert durch die Vertreter der Lebensweltorientierung. Viele von ihnen sehen sich selbst als Anwälte der Jugendlichen. Ihnen geht es darum, Religion als Funktion menschlicher Identitätsgewinnung zu entschlüsseln. Die Themen ihrer Konfirmandenarbeit lassen sich dementsprechend als Ableitungen aus dem Identitätsbegriff verstehen. (Diese Position verbindet sich häufig mit dem Lernen *»von jemandem«* und der »DuichstreichledichganzsanftamOberarm« Variante.)

Mit dieser Position teilen wir die Auffassung, dass Religion eine Funktion menschlicher Lebensvollzüge ist (der Identitätsbegriff ist uns zu schwammig und eng). Wir können Vertretern und Vertreterinnen dieser Position allerdings nicht in der häufig bei ihnen anzutreffenden theologischen Annahme zustimmen, es gäbe eine Art bruchloser Verbindung zwischen menschlichen Lebensvollzügen und den Inhalten des christlichen Glaubens. Der christliche Glaube ist eine Offenbarungsreligion. Darin liegt die Behauptung eingeschlossen, dass Gott (im christlich qualifizierten Sinn) nicht »einfach so« aus der vorfindlichen Wirklichkeit ableitbar ist. Der Offenbarungsbegriff vertritt die Behauptung, dass Gott selbst aktiv werden muss, um in dieser Welt erkennbar zu werden. Wir möchten diesem theologischen Gedanken dadurch entsprechen, dass wir Gott explizit zum Thema unserer Lernprozesse machen.

Das bedeutet: Wir schlagen Ihnen vor, die Wirklichkeit Gottes als Bezugsgröße für Ihren KU zu wählen. Das Ziel von Konfirmandenarbeit formulieren wir im Gefälle dieser Überlegungen so:

Wir **entwickeln** *gemeinsam mit den Konfirmandinnen und Konfirmanden* *unser* **Gespür** *für die* **Wirklichkeit Gottes**.

Drei Begriffe aus dieser Formulierung möchten wir genauer erläutern:
- ⮑ »Gespür«: In diesem Begriff verbinden sich kognitive und affektive Dimensionen eines Lernprozesses zu einer Einheit. Gespür hat auf der einen Seite etwas mit Spüren und Gefühl zu tun, auf der anderen Seite aber auch etwas mit Nachspüren und Einer-Spur-Nachgehen. Diese unauflösliche begriffliche Verbindung affektiver und kognitiver Dimensionen halten wir für menschengemäß.
- ⮑ »Entwickeln«: Unserem Verständnis zufolge ist religiöses Lernen ein Lernen in Beziehungen zu anderen Menschen und zu Gott selbst (vgl. oben zum Begriff »Lernen *von*«). Das unhintergehbare zeitliche Nacheinander von beziehungsrelevanten Erfahrungen führt unweigerlich zu Veränderungen in Beziehungen. Deshalb können Beziehungen zu einem bestimmten Zeitpunkt nie vollständig beschrieben werden oder entwickelt sein. Entwicklung ist ein Wesensmerkmal lebendiger Beziehungen und deshalb auch von religiösem Lernen. Allen Vollständigkeitsansprüchen, die durch volkskirchliche Rahmenbedingungen zweifellos begünstigt werden (nach dem Motto: »Jetzt hat sie der Herr (noch ein letztes Mal) in meine Hand gegeben!«) verweigern wir uns deshalb. In der Konfirmandenarbeit geht es um Schritte – manchmal um viele, manchmal um nur einen, und unter Umständen auch nur um einen Rückschritt (z.B. von einem biblisch unangemessenen Gottesbild).
- ⮑ »Wirklichkeit«: Wahrscheinlich ist Ihnen schon aufgefallen, dass der Begriff »Wirklichkeit« eine zentrale Rolle in unserem Denken spielt. Was er für uns bedeutet, können wir am einfachsten darstellen, indem wir

ihn vom Begriff der Wahrheit abgrenzen. In unserem Theologiestudium haben wir viel Zeit damit verbracht, die Wahrheit Gottes begrifflich scharf zu fassen. Wir können z.b. sehr differenziert Auskunft über die perichoretische Durchdringung der trinitarischen Personen geben. Auch das Verhältnis, welches die beiden Naturen Christi miteinander haben, ist uns bis ins Detail bekannt. Wir möchten dieses Wissen um Wahrheiten nicht missen. Allerdings fällt es uns schwer, Konfirmandinnen und Konfirmanden für sie zu begeistern. Unsere Wahrheiten erscheinen ihnen meistens irrelevant. Interesse ernten wir dagegen sofort, wenn wir Gott als eine »wirklich wirkende Wirklichkeit« (so viel Redundanz muss erlaubt sein!) thematisieren. Denn der Begriff Wirklichkeit stellt die Verheißung von Relevanz »wie von selbst« in den Raum. Er provoziert Vorstellungen von einer Energie, an die ich andocke, in die ich mich einlogge, an der ich partizipieren kann. Die Vorstellung von Gott als einer »wirklich wirkenden Wirklichkeit« setzt Fragen frei wie diese:

1. Gibt's Gott wirklich?
2. Wie ist Gott wirklich?
3. Wie komme ich in Kontakt mit dieser Wirklichkeit?
4. Wenn es Gott wirklich gibt, warum geschieht dann bösen Menschen Gutes und umgekehrt?
5. Kann Beten Dinge wirklich verändern?
6. Was passiert mit mir wirklich nach meinem Tod?
7. Hat wirklich Gott mich gemacht – oder bin ich das Ergebnis des Genpools meiner Eltern?

Damit sind wir bei den Themen unserer Konfirmandenarbeit angekommen. Mit ihrer Erarbeitung gehen wir eigentlich nur den traditionellen Aspekten der Gottesfrage nach. Wir thematisieren sie als Kulminationspunkte bestimmter menschlicher Lebensvollzüge und stellen den Schatz jüdisch-christlicher Tradition als Material zu ihrer Bearbeitung zur Verfügung.

Bisher haben wir uns ein wenig mit dem Lernbegriff, etwas ausführlicher mit der theologischen Konstruktion des Arbeitsfeldes und der Grundhaltung von Lehrenden sowie mit dem Globalziel der Konfirmandenarbeit und ihren sich daraus ergebenden Themen beschäftigt. Im nächsten Abschnitt soll es nun um Fragen im Bereich der Methodik gehen.

4. Wie geht »von Gott Lernen«? Überlegungen zur Methodik unserer Konfirmandenarbeit

Auf dem Weg zu dieser Seite ist Ihnen vermutlich immer wieder einmal die Frage nach der Methodik durch den Kopf gegangen: Wie soll das denn gehen? Wie sieht das denn konkret aus? Darum soll es jetzt gehen. Vorher aber noch einmal eine kurze Zusammenfassung unserer Kerngedanken:

1. Lernen kann man »*über etwas*« und »*von jemandem*«. Ein theologisch gefüllter Begriff von Gott sowie die religiöse Erfahrung von Menschen desavouieren ein Lernen »*über*« Gott. Im Gefälle theologischer Begrifflichkeit sowie religiöser Erfahrung liegt ein Lernen »*von*« Gott.
2. Pädagogische Handlungsfähigkeit hat eine nicht-defizitäre Konstruktion der Lernenden zur Voraussetzung. Das Affiziert-Sein der Lernenden durch die vorgängige Wirklichkeit Gottes ermöglicht eine solche Konstruktion. Sie entlastet Lehrende von gnadenlosen Vermittlungsansprüchen und ermöglicht eine konstruktive Grundhaltung gegenüber den Lernenden.
3. Das Ziel von Konfirmandenarbeit ist es, das Gespür der Gruppe für die »wirklich wirkende Wirklichkeit Gottes« zu entwickeln. Jedes Thema wird von diesem Globalziel her geprägt.

Über diese Kerngedanken hinaus haben wir in unserem bisherigen Gedankengang immer wieder mit folgenden Begriffen gespielt: Lehrende, Lernende, Lerngegenstände, Thema, Lernprozess. Im folgenden Abschnitt zur Methodik geht es nun darum, das Zusammenspiel dieser Begriffe präziser als bisher zu fassen. Das ist eine recht abstrakte Angelegenheit, die durch den Rekurs auf ein konkretes Beispiel einiges an Verständlichkeit gewinnt. Deshalb bitten wir Sie, jetzt einige Seiten weiter zu blättern und die Projektbeschreibung »Tot – und was dann?« durchzulesen. In der Entfaltung unserer Methodik werden wir immer wieder auf dieses Beispiel zurückkommen. Also: Bitte vorblättern! Danke!

Die drei Säulen unserer Methodik:
Produkt, Botschaft, Öffentlichkeit

Wenn Sie die Praxisprojekte in diesem Buch lesen, wird Ihnen auffallen, dass sie alle nach einer ähnlichen Rezeptur zusammengestellt sind: Irgendwie geht es immer darum, dass Lernende ein *Produkt* erstellen. In der Einheit »Tot – und was dann?« sind es z.b. die Jenseitskisten und die OHP-Collagen. Diese Produkte haben spezifische *Botschaften,* die die Lernenden mit Hilfe der ihnen zur Verfügung gestellten Lerngegenstände im Rahmen der Produktherstellung selbst erarbeitet haben. Die Produkte mit ihren spezifischen Botschaften werden irgendwann immer in eine *Öffentlichkeit* gestellt. Diese Öffentlichkeit kann ein Gottesdienst, eine Schule, eine Zeitung, eine Internetseite oder auch nur – wie bei der Einheit »Tot – und was dann?« – das Gruppenplenum selbst sein.

Unser methodisches Handeln ruht in aller Regel auf diesen drei Säulen. Die Gründe dafür wollen wir Ihnen im Folgenden kurz darstellen, bevor wir dann zu detaillierteren Fragen der Methodik weitergehen.

Das Produkt
a) Bei den Produkten gilt die Regel: Produkt ist nicht gleich Produkt. Da gibt es nämlich auf der einen Seite Produkte wie z.B. die allseits beliebte und beschäftigungstherapeutisch hochinteressante Streichholzbibelbibliothek (für jedes Buch der Bibel eine Streichholzschachtel, in die eine kurze Zusammenfassung des Inhalts geklebt wird). Man könnte auch an das weihnachtliche »Hilfedieherdmannskommenkrippenspiel« denken. Bei diesem Typ Produkt besteht der »Lerneffekt« im Wesentlichen in seiner Anfertigung bzw. Einübung. Das Produkt gibt jedoch keine Auskunft darüber, wie die Herstellenden selbst zu dem Thema stehen, das durch das Produkt repräsentiert wird. Man bekommt eine Idee davon, was den Lehrenden wichtig ist. Was aber den Lernenden die Bibel bedeutet oder wie sie zu Weihnachten stehen, das wird man anhand dieser Produkte kaum erfahren.

Um solche Produkte geht es in unserem KU nicht! Wir erstellen mit den Konfis Produkte, die eine von ihnen selbst erarbeitete Botschaft zum Thema des Lernprozesses zur Darstellung bringen. Dazu aber mehr unten unter »Botschaft«. Jetzt bleiben wir erst einmal bei der Funktion der Produkte für unsere Lernprozesse.

b) Eine wichtige Funktion solcher Produkte für den Lernprozess ist es, ihn zu strukturieren. Um sich diese Funktion zu verdeutlichen, können Sie sich das Produkt als eine Art Staubsauger vorstellen, der aus der Zukunft den Lernprozess an sich saugt. Ein in diesem Sinne attraktives und »zug-kräftiges« Produkt ermöglicht Lernenden, ihre Lernprozesse weitestgehend selbst zu strukturieren und zu kontrollieren. Denn das Produkt hilft ihnen zu entscheiden, was wie und an welcher Stelle in den Lernprozess Eingang finden soll. Zur Verdeutlichung: Erinnern Sie sich noch einmal an die Jenseitskisten und stellen Sie sich Folgendes vor: Im Rahmen einer Fortbildung für Pfarrerinnen und Pfarrer zum Thema »Jenseitsvorstellungen« bieten Sie zwei Arbeitsgruppen an. Die AG »Gespräch« hat die Aufgabe, wichtige Jenseitsvorstellungen in der AG zu erheben und zu diskutieren. Die AG »Jenseitskisten« dagegen baut die Kisten aus unserer Einheit. Beide AGs treffen sich nach 60 Minuten, um die Ergebnisse ihrer Arbeit einander vorzustellen ... Ihre Fantasien von dieser Begegnung führen Ihnen vielleicht die strukturierende Kraft von Produkten vor Augen. Produkte ziehen Lernprozesse konsequent auf sich zu – vorausgesetzt natürlich, das Produkt ist für die Konfis attraktiv.

c) Was macht aber ein Produkt für Konfis attraktiv? Zu dieser Frage möchten wir auf unterschiedlichen Ebenen ein paar Hinweise geben:

- Das Arbeiten mit Produkten entspricht der Entwicklung der Konfis: Es nimmt eine Fähigkeit – den Werksinn – in Anspruch, die sich die meisten von ihnen in den letzten Entwicklungsjahren erarbeitet haben. Es knüpft damit an einen Bereich ihrer Persönlichkeit an, in dem sie Kompetenzen und Erfahrungen mitbringen. (Man kann über Eriksons Identitätstheorie und insbesondere über seinen Identitätsbegriff unterschiedlicher Meinung sein. Aber seine Vorstellung von der Entwicklung des Werksinns, also der Fähigkeit, etwas gut und schön herstellen zu können, deckt sich mit unserer Erfahrung.)

- Wichtige Schlagwörter aus der Diskussion zur Lebenswelt der Jugendlichen aus den letzten Jahren sind folgende: »Welt aus zweiter Hand« (Thema: Medien) und »fertige Welt« (Thema: keine Gestaltungsräume). Sollten diese Schlagwörter tatsächlich eine Lebenswirklichkeit der Jugendlichen beschreiben, so würde ihnen das Arbeiten mit Produkten eine interessante Alternative anbieten (und nicht – wie z.B. »Internetcafés« usw. – ihre übliche Lebenswelt einfach verdoppeln).

- Wenn Sie mit diesem Buch arbeiten, sind die Produkte im Prinzip vorgegeben. Wir haben uns bemüht, Produkte zu finden, die für Jugendliche attraktiv sind, und hoffen, dass sich dies auch in Ihrem KU zeigt. Am besten funktioniert das Arbeiten mit Produkten allerdings, wenn Ihre Konfis selbst das Produkt bestimmen. Deshalb ist unser

Buch eigentlich nur eine Anregung für Lernprozesse, die auch nicht mehr durch dieses Buch eingeschränkt sind.

Die Botschaft

a) Im vorhergehenden Abschnitt haben wir gesagt: Wir erstellen in unserem KU Produkte, die eine von den Konfis selbst erarbeitete Botschaft zum Thema des jeweiligen Lernprozesses zur Darstellung bringen. Wenn Sie sich die Jenseitskisten und die OHP-Collagen vor Augen halten, dann leuchtet Ihnen dieser Satz (hoffentlich ☺) ein: Die Jenseitskisten spiegeln Hoffnungen, Ängste und Erfahrungen ihrer Erbauer und Erbauerinnen zum Thema Jenseits. Die OHP-Collagen zeigen ihr Verständnis bestimmter biblischer Hoffnungsbilder. Die Produkte sind Botschaftsträger für ihre Hersteller und Herstellerinnen. Aber welche Botschaften werden dort eigentlich transportiert? Haben die überhaupt etwas mit dem christlichen Glauben zu tun? »Ist das nicht doch alles sehr beliebig, was da entsteht?« haben uns Teilnehmende an unseren Fortbildungen immer wieder einmal gefragt. Dazu ein paar Stichpunkte, die Ihnen darüber Auskunft geben, wie wir uns die Sache denken:

b) Die Tatsache, dass unterschiedliche Menschen unterschiedliche Überzeugungen auch und gerade in Bezug auf die Wirklichkeit Gottes haben, *entsteht* nicht durch unsere Art und Weise pädagogischen Arbeitens, sondern wird durch sie *an die Oberfläche des Lerngeschehens gebracht.* Darin sehen wir einen Vorteil gegenüber anderen Arten der Organisation von Lernen: Denn was sichtbar an der Oberfläche ist, kann selbst zum Thema des Lernens werden. Das halten wir gerade in Bezug auf das Phänomen unterschiedlicher religiöser Überzeugungen für ausgesprochen wichtig und werden es unter d) noch ein wenig näher erläutern.

c) Die Botschaft der Produkte entsteht durch eine Begegnung zwischen den Konfis einerseits und bestimmten, von Ihnen (oder wenn Sie mit diesem Buch arbeiten: von uns) ausgesuchten Lerngegenständen andererseits. Die Auswahl dieser Lerngegenstände ist weder zufällig noch beliebig. Man könnte sogar sagen: Die Auswahl der Lerngegenstände ist DIE zentrale didaktische Aufgabe schlechthin. Auf sie muss man die längste Zeit und den dicksten Hirnschmalz bei der Planung einer Themenerarbeitung verwenden. Warum? Weil »Wirklichkeit Gottes« eben nicht einfach schon immer das ist, was wir uns darunter vorstellen: z.B. der Gott, der immer alles sieht, oder der süße »liebe Gott« oder was Ihnen sonst noch so einfällt. In all seinen verschiedenen Ausprägungen behauptet das Christentum, dass Gott sich in Jesus von Nazaret ein für alle Mal auf eine bestimmte Wirklichkeit festgelegt hat. Das ist zwar ein bisschen peinlich (vgl. 1 Kor 1,2), lässt sich aber nicht mehr ändern. Es wäre ja schon irgendwie viel intellektueller, allgemein über Gott reden zu können. Aber im Raum des Christentums kommt man um Jesus Christus nun einmal nicht herum. Deshalb müssen die Lerngegenstände diese spezifische, mit dem Namen Jesus Christus verbundene Wirklichkeit repräsentieren. Nur weil und wenn die Lerngegenstände diese spezifische Repräsentationsfunktion haben, können durch die Auseinandersetzung mit ihnen individuelle Aktualisierungen der genannten Traditionen entstehen.

Denken Sie noch einmal an das Beispiel Jenseitskiste: Die Lerngegenstände, die wir für den Bau der Jenseitskiste ausgesucht haben, machen zwei Dinge nahezu unmöglich. Zum einen: nicht-lineare, zirkuläre Jenseitsvorstellungen (Stichwort: Reinkarnation) zum Ausdruck zu bringen; zum anderen: teuflische Höllen zu bauen. Die Lerngegenstände haben ein deutliches Gefälle in Richtung auf lineare Jenseitsvorstellungen und auf positive Brechungen gegenwärtiger Wirklichkeit als Annäherungen an das Jenseits des Todes. Damit repräsentieren die Lerngegenstände zentrale Aussagen der jüdisch-christlichen Tradition zum Thema »Jenseits«, die dann ja im zweiten Teil der Einheit explizit benannt werden. So weit so gut! Aber es gibt da immer noch ein Problem: Diese spezifische Wirklichkeit, die sich mit dem Namen Jesus Christus verbindet, steht ja nicht einfach so zu unserer Verfügung: Ob ein bestimmter Lerngegenstand tatsächlich die Wirklichkeit repräsentiert, auf die sich Gott in Jesus Christus festgelegt hat, bleibt unter den Bedingungen von Raum und Zeit oft strittig. Unter Umständen konnten Sie das gerade selbst an dem Widerspruch spüren, der sich vielleicht bei Ihnen durch den Rekurs auf die Jenseitskisten bemerkbar gemacht hat. Denn zweifellos kann man das alles ja auch noch einmal ganz anders sehen. Das wäre durchaus ein Gespräch unter Lehrenden wert, aus dem sich wahrscheinlich neue Lerngegenstände zum Thema »Jenseits« ergeben würden – die ihrerseits wiederum für andere Christen und Christinnen strittig wären. Um diese grundsätzliche Strittigkeit kommt man unter den Bedingungen von Raum und Zeit nicht herum. Wer sie in Eindeutigkeit auflöst, tappt in die Fundamentalismusfalle: Er oder sie versieht notwendigerweise Relatives mit Absolutheitsansprüchen. Wichtige Traditionen des Christentums haben die Auflösung dieser Strittigkeit deshalb dem Heiligen Geist überlassen und damit auf zwei Dinge hingewiesen:

erstens, dass letztlich allein Gott selbst lehren kann, wer oder was Gott ist; zweitens, dass gerade deswegen, weil nur Gott allein dies lehren *kann*, der Tradierungsprozess, der durch die Begegnung von Menschen und bestimmten Traditionen entsteht, nicht bloßer Zufall ist.

d) Was bedeutet all dies für das Thema »inhaltliche Beliebigkeit in unseren Lernprozessen«? Dazu noch drei Gedanken:

- Neben der grundsätzlichen Strittigkeit menschlicher Rede über die Wirklichkeit Gottes finden wir es hilfreich, sich auch noch Folgendes vor Augen zu halten: Der breite Strom der jüdisch-christlichen Tradition hat Ufer und damit Grenzen. Nicht jede Überzeugung kann in diesem Strom ihren Ort finden – Reinkarnationsvorstellungen z.B. gehören dort nicht hinein.

- Noch wichtiger als dieser Punkt ist für uns aber folgender, der dem Phänomen »Beliebigkeit« (oder besser »Vielfältigkeit«) einen religiösen Sinn abgewinnt: Im Unterricht und anderswo werden Konfis zweifellos erleben, dass unterschiedliche Menschen unterschiedliche Überzeugungen haben. Sie werden aber auch erleben, dass für viele dieser unterschiedlichen Menschen die eigene Überzeugung eine hohe Verbindlichkeit behält – und zwar auch trotz der vielen möglichen anderen Überzeugungen. Viel verbindlicher als eine absolute Meinung ist der von seinem Glauben überzeugte Mensch. Ein solcher Mensch verhindert die Auflösung von weltanschaulicher Vielfältigkeit in Beliebigkeit. Denn er verbürgt in seiner Person die Verbindlichkeit seiner Weltanschauung.

- Dieses Phänomen muss unseres Erachtens unbedingt und immer wieder mit den Konfis thematisiert werden. Nutzen Sie jede Gelegenheit, darüber zu reden. (Übrigens: Die Themenerarbeitung »Gottesbilder: Wie isser denn wirklich?« macht dieses Phänomen explizit zum Thema.) Denn anhand dieses Phänomens können die Konfis sozusagen am eigenen »Gruppenleib« erfahren, dass das Wesen von Glauben nicht im Wissen, sondern im Vertrauen liegt. Sie können eine Ahnung davon bekommen, dass Glauben tatsächlich bedeutet zu sagen: »Ich weiß es nicht, aber aus mir selbst unerfindlichen Gründen vertraue ich darauf!« Vielleicht können Sie mit Ihren Konfis sogar entdecken, dass genau diese Unerfindlichkeit des Vertrauens (gegen das ja tatsächlich viel Wissen und so manche Tatsachen sprechen) Christen veranlasst hat, zu behaupten: Dieses Vertrauen kommt von Gott selbst. Es ist nicht ihr eigenes Werk. Wir möchten Sie gern dafür gewinnen, vielfältige Produktbotschaften in Ihrem KU zuzulassen und mit ihnen zu arbeiten. Denn gerade dadurch entstehen Situationen, in denen Grundzüge des christlichen Glaubens greifbar und anti-fundamentalistische Haltungen entwickelt werden können.

e) Übrigens: Was wir hier für pädagogische Zusammenhänge beschrieben haben, geschieht auf ähnliche Weise in jeder Predigt und den meisten Bibelkreisen: In Begegnungen zwischen Personen und biblischen Texten oder ihren Repräsentationen entstehen Aktualisierungen dieser Texte im Lebenszusammenhang der beteiligten Personen. Auf diese Weise tradiert sich christlicher Glaube. Warum also nicht auch im KU in der Arbeit mit Jugendlichen?

Die Öffentlichkeit

Die dritte Säule, auf der unser methodisches Handeln ruht, nennen wir »Öffentlichkeit«. Wie unterschiedlich diese Öffentlichkeit aussehen kann, haben wir schon im Einleitungsteil zu diesem Abschnitt gesagt. An dieser Stelle soll nur noch kurz etwas zu ihrer Funktion für den Lernprozess notiert werden: Nach unserer Beobachtung und Einschätzung wissen häufig nur sehr wenige Konfis, warum sie lernen sollen, was sie lernen sollen. Was Lehrende ihnen vermitteln wollen, hat für sie oft keinen plausiblen Sitz im eigenen Leben. Das finden wir unbefriedigend. Auch die Auskunft, Konfis könnten ja später einmal (vorzugsweise im Schützengraben kommender Krankheiten und Unglücke) begreifen, was an den vermittelten Inhalten so wichtig ist, überzeugt uns nicht. Ob etwas der Aneignung wert ist, entscheidet sich für heutige Konfis an der *gegenwärtigen* Relevanz des Anzueignenden. Deshalb ist es gut, diese gegenwärtige Relevanz nicht allein durch didaktische Entscheidungen (dazu haben wir schon eine ganze Menge gesagt), sondern auch durch Maßnahmen im methodischen Bereich zu fördern. Man kann sozusagen gar nicht genug dafür tun, dass Konfis Lust an der Arbeit bekommen, weil sie ihren Sinn verstehen.

Hier kommt die Öffentlichkeit ins Spiel: Bei jeder neuen Themenerarbeitung kündigen wir unseren Konfis *immer* an, in welche Öffentlichkeit ihr Produkt im Laufe des Lernprozesses gestellt werden wird. Regelmäßig erleben wir dadurch einen Motivationsschub. Die Aussicht, anhand einer Produktbotschaft befragbar, identifizierbar zu werden, verleiht der eigenen Arbeit einen Zweck. Anderen (in der Gruppe, der Schule, der Zeitung usw.) zu zeigen, zu sagen oder zu erklären, was ich mir bei einem Produkt gedacht habe, gibt dem Lernprozess so etwas wie einen »sekundären« Sitz im Leben. Sie merken schon: Die Säule »Öffentlichkeit« hängt theoretisch nicht besonders hoch. Sie ist eine pragmatisch eingesetzte und einzusetzende

Größe. Wo sie den gerade beschriebenen Sinn nicht hat – z.B., weil ein Thema zu intim ist, weil die Gruppe kein Vertrauen zueinander hat, weil die Konfis zu schüchtern sind ... –, soll man sie auch nicht benutzen. Dann tragen die beiden anderen Säulen den Lernprozess. Wir möchten Sie aber dafür gewinnen, diese Säule immer wieder einmal auszuprobieren. Nach unserer Erfahrung haben Konfis Spaß daran, in eine prestigeträchtige Öffentlichkeit zu gehen

So weit ein paar erläuternde Hinweise zu den drei Säulen. Was wir Ihnen noch schuldig sind, ist eine detaillierte Beschreibung des methodischen Geschehens im Rahmen der Botschaftserarbeitung. Darum soll es im nächsten Abschnitt gehen.

Methoden, Ziele und das ganze Drumherum

Stellen Sie sich folgendes Arrangement vor: Gut 20 Personen sitzen auf einer Fortbildung in einem Stuhlkreis. In der Mitte liegt ein altes Abschleppseil. Auf dem Boden daneben kleben ein paar beschriftete Schilder; ungefähr so:

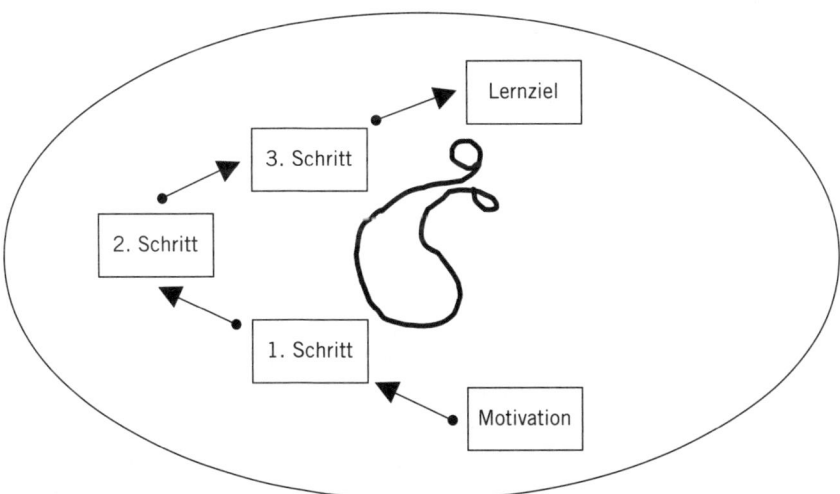

Wir bitten die Teilnehmenden (alle 20), das eine Ende des Abschleppseils in die Hand zu nehmen. Wir nehmen das andere Ende in die Hand. Dann

stellen wir uns auf das erste Schild »Motivation«. Die Teilnehmenden stehen irgendwo rechts im Stuhlkreis. Dann geht es los: Wir begrüßen unsere »Konfis«: »Guten Morgen. Wie schön dass ihr da seid. Wir haben uns für heute 'was Tolles ausgedacht. Kommt doch mal mit.« Wir ziehen an unserem Seilende und bewegen uns von dem ersten auf das zweite Schild zu. Wir kommen genau 20 cm weit.

Wir mühen uns mit allen Kräften. Aber gegen den Gegenzug der »Konfis« haben wir keine Chance. Plötzlich geben sie ein wenig nach. Bevor wir wissen, wie uns geschieht, sind sie um uns herumgelaufen und haben uns mit unserem eigenen Abschleppseil eingewickelt. Wie gefesselt stehen wir zwischen »Motivation« und »1. Schritt«. Schnell rufen wir: »O.k., das reicht!« Zum Glück hören sie auf uns. Als alle sitzen, fragen wir: »Kommt euch diese Situation bekannt vor? Wenn ja, woher?« Nach fünf Minuten sind wir mitten in einer intensiven Diskussion über Methoden, Ziele und Störungen im Unterricht.

Wozu machen wir diese kleine Übung auf unserer Fortbildung? Wir glauben, dass sie ein landläufiges Methodenverständnis gut veranschaulicht, nämlich folgendes: Mit Hilfe von Methoden sollen Lernende Schritt um Schritt zu einem bestimmten Lernziel hingeführt werden. Methoden wirken wie Abschleppseile: Sie führen Lernende von A nach B (und C und D und E ...), die aus eigener Kraft (und eigenem Willen) kaum dorthin kommen würden.

Zugleich veranschaulicht diese Übung, was im Gefälle eines solchen Methodenverständnisses im Unterricht häufig passiert: Plötzlich führen Methoden nicht nach C, sondern nach Pusemuckel! Dazu aber später mehr ...

Nach unserem Eindruck verzerrt dieses Methodenverständnis (zumindest) an einer wichtigen Stelle die Wahrnehmung davon, wie Lernen oder Lernende funktionieren:

Unser menschliches Gehirn funktioniert ja nicht konsequent zielgerichtet, sondern chaotisch-assoziativ. Das merken Sie beim Lesen dieses Buches. Ständig gehen Ihnen irgendwelche Dinge durch den Kopf, die durch bestimmte Wörter angeregt sind, aber häufig mit dem von uns intendierten Gedankengang des Buches wenig oder auch gar nichts zu tun haben. Auch alle Menschen, die mit real-existierenden Konfis zu tun haben, wissen um das Chaotische unserer Gedankengänge: Auch bei Ihnen führen ja bestimmte Inputs nicht notwendigerweise zu dem sorgfältig geplanten Ziel (»erwartetes Schülerverhalten«), sondern zu einem ganzen Feuerwerk von Reaktionen. (Deswegen sind ja auch Unterrichtsproben so nervenaufreibend.)

Solange Sie der Ansicht sind, dass Methoden dazu dienen, Lernende schrittweise von A über B, C und D nach E zu führen, erschrickt Sie dieses chaotisch-assoziative, sich jeglicher Planung widersetzende Feuerwerk. Dieses Methodenverständnis bewirkt, dass Sie – je nach Persönlichkeitstyp – eine »falsche« (also außerhalb Ihrer Planungen liegende) »Schülerreaktion« Ihrer fehlerhaften Planung oder des Schülers Dummheit, Unaufmerksamkeit usw. zuschreiben. Mit anderen Worten: Ein solches Methodenverständnis sortiert die unterrichtliche Wirklichkeit in *eine* richtige und unendlich viele falsche Möglichkeiten. Natürlich kann man sich die Lernwelt so denken, aber besonders handlungsfähig wird man dadurch nicht. Deshalb schlagen wir Ihnen vor, sich das Ganze ein wenig anders zu denken: Dazu brauchen wir einen weiteren Begriff, der in aller Regel immer in der Nähe des Methodenbegriffs auftaucht und den wir gerade schon ein paar Mal nebenbei erwähnt haben – nämlich den Begriff des Ziels.

Der oben geschilderte Methodenbegriff (»A, B, C ...) verknüpft sich – nicht immer in der Theorie, aber fast durchgängig in der Praxis – mit dem Begriff des Lernziels. Vereinfacht gesagt ist das Lernziel das, wo sich nach Ansicht der Lehrenden möglichst alle Lernenden am Schluss des Lernprozesses befinden sollen – und zwar am besten noch überprüfbar, indem man testet, ob die Konfis in der Lage sind, bestimmte Lautfolgen mit ihren Stimmbändern zu produzieren: »där här is main Hiätä ...«. Ist diese Fähigkeit erreicht, gibt man sich glücklich der Illusion hin, die Konfis hätten etwas gelernt.

Die leichte (und zugegebenermaßen nicht ganz faire) Polemik hat Sie schon ahnen lassen, was wir von diesem Lernzielbegriff halten: Wir sind dagegen! Denn unseres Erachtens kleistert dieser Begriff eine wichtige, in jedem Lerngeschehen zu beobachtende und wirkmächtige Differenz zu: nämlich die Differenz zwischen den Zielen der Lehrenden einerseits und denen der Lernenden andererseits. Obige »Lernziele« tun so, als ob mit Recht angenommen werden könnte, dass die Ziele von Lehrenden und Lernenden im Unterricht deckungsgleich wären oder zumindest in Deckung gebracht werden könnten. Stellt sich durch un-»erwartetes Schülerverhalten« heraus, dass diese Deckung weder gegeben noch herstellbar ist, wird üblicherweise ein beliebtes Interpretament zur Deutung von unterrichtlicher Wirklichkeit herangezogen: Man behauptet, es läge eine Störung vor. Und weil – wie man ja weiß – Störungen Vorrang haben, darf man nur mit schlechtem Gewissen weiter unterrichten ...

Wir möchten Sie davon überzeugen, sich Lernen ein wenig anders vorzustellen. Wir bitten Sie, in Ihrem Denken der Differenz zwischen Ihren Zielen für den Unterricht und den Zielen Ihrer Konfis einen Ehrenplatz einzuräumen. Fangen Sie dort an zu denken: Sie wollen etwas Bestimmtes in Ihrem Unterricht. Das ist gut so und das soll auch so sein. Ihre Konfis wollen auch etwas Bestimmtes. Und auch das ist gut und richtig so. Dies Bestimmte, das beide Gruppen wollen, bewegt sich auf ziemlich unbestimmten und unterschiedlichen Ebenen: Konfis wollen z.B. keine Hausaufgaben, eine gute Freizeit, einmal neben Tim sitzen (»Der ist so süß!«), gehört werden, ein gutes Gefühl in der Gruppe haben, wissen, ob Steffi mich liebt ...

»Genau«, denken Sie jetzt vielleicht, »und was hat all das mit meinem Unterricht zu tun?« Bitte warten Sie noch einen Augenblick. Schauen wir doch erst einmal, was Lehrende wollen: nette Konfis, die einem das Leben nicht schwer machen, mehr Schlaf auf der Freizeit als im letzten Jahr, das Gefühl, doch noch nicht so alt zu sein, ein paar gelungene Gottesdienste mit Jugendlichen, vor den Kollegen als jemand dastehen, der/die das eigentlich ganz gut kann ...

Also, und was hat DAS alles mit Unterricht zu tun? Lehrende wie Lernende bringen Ziele mit in den Unterricht, die themenfremd sind. Darin unterscheiden sie sich nicht! Diese themenfremden Ziele bestimmen immer wieder, phasenweise vielleicht sogar vorrangig, das Unterrichtsgeschehen. Aber es wäre falsch, eine der beiden Seiten auf diese themenfremden Ziele zu reduzieren. Gehen Sie doch versuchsweise einmal davon aus (sozusagen im Rahmen einer nicht-defizitären Konstruktion der Konfis ☺), dass Ihre Jugendlichen – wie verborgen auch immer – themenbezogene Ziele in den Unterricht mitbringen. Was geschieht nun dort?

Dort treffen diese Ziele von Lernenden, die wir mit Hilbert Meyer behelfsweise *Handlungsziele* nennen, auf Ihre Ziele, die wir (ebenfalls mit Hilbert Meyer) *Lehrziele* nennen. (Übrigens, bitte machen Sie Hilbert Meyer nicht für den Rest unseres Denkens verantwortlich!) Die Differenz dieser Ziele lässt eine Spannung entstehen, die den Unterrichtsprozess am Laufen hält. (Dieser Gedanke ist schon einmal aufgetaucht: Vielleicht erinnern Sie sich an das, was wir zur Rolle der Distanz zwischen Lehrenden und Lernenden im Abschnitt zur »DuichstreichledichganzsanftamOberarm«-Variante gesagt haben.) Im Gefälle der Begegnung dieser unterschiedlichen Ziele entstehen die Lerninhalte. Sie stehen also nicht von vornherein fest, sondern sind das Ergebnis dieses Begegnungsprozesses. (So wird auch verständlich, warum unterschiedliche Gruppen im Rahmen derselben didaktischen und methodischen Entscheidungen sowie bei denselben Lehrenden Unterschiedliches lernen.)

Nun noch einmal kurz zurück zum Methodenbegriff: Im Gefälle dieser Zielbegriffe kann die Funktion von Methoden nicht mehr als Führung (von A über B und C nach ... – Sie erinnern sich) beschrieben werden. Methoden sollen vielmehr als Steuerungselemente für die Begegnung zwischen Lehrzielen und Handlungszielen entworfen und eingesetzt werden. Wir schlagen Ihnen also mit unserem Methodenbegriff keine neuen Methoden vor: Auch bei uns gibt es Rollenspiele und – von uns aus auch Lückentexte. Was wir

Ihnen vorschlagen ist, sich die Funktion von Methoden ein wenig anders zu denken, als Sie es vielleicht bisher gewohnt waren.

Damit haben wir den Punkt erreicht, wo wir alle Begriffe eingeführt haben, um einen Lernprozess – wie wir ihn verstehen – zu beschreiben. Wir stellen das Ganze noch einmal kurz zusammen:

Lehrende stellen Lernenden Lerngegenstände zwecks einer methodisch gesteuerten Bearbeitung zur Verfügung. Die Lerngegenstände repräsentieren ein Thema, das Lehrende von ihrem jeweiligen Bezugsort her gewählt und auf ein benennbares Lehrziel hin zugespitzt haben.

Lernende bearbeiten die Lerngegenstände mit Hilfe der vorgeschlagenen Methoden und erstellen mit ihrer Hilfe ein vorzeigbares Produkt. Die Bearbeitung der Lerngegenstände wird geleitet durch die Handlungsziele der Konfis.

Im Rahmen dieser Bearbeitung entstehen Lerninhalte, die sich als Produktbotschaft in einer Öffentlichkeit präsentieren lassen.

Bleibt nur noch die Frage, wie Sie eigentlich eine Methode finden, um Ihre Lerngegenstände bearbeiten zu lassen. Dazu eine kurze Anregung im nächsten Abschnitt.

Wo krieg ich bloß meine Methoden her?
Hilfestellungen für gute Einfälle

Wir haben in unserem Buch und auf der CD-ROM eine kleine Sammlung mit gängigen Methoden zusammengestellt. Diese Sammlung ist nach einem Schema gegliedert, auf das wir durch unsere Auseinandersetzung – mit wem wohl? – na klar, mit Hilbert Meyer gekommen sind. So sieht das Schema aus:

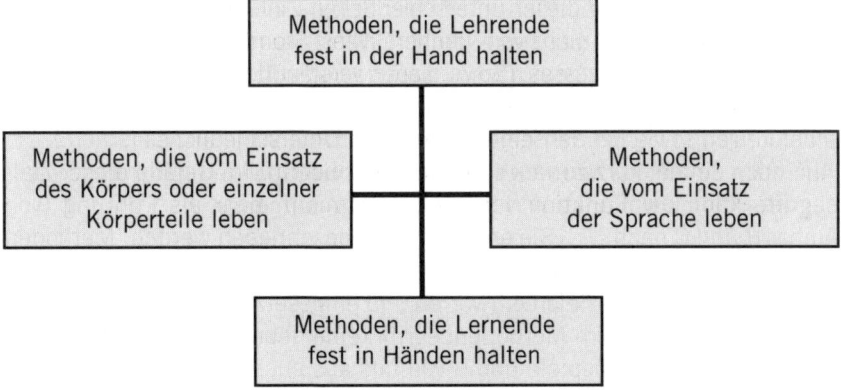

Wir schlagen Ihnen vor, sich dieses Methodenschema auf einen großen Plakatkarton zu malen. Legen Sie sich auch einen Vorrat von diesen kleinen gelben Klebezetteln an, die man überall hin pappen und wieder ablösen kann. Dann schreiben Sie einfach ein paar vertraute Methoden, mit denen Sie gute Erfahrungen gemacht haben, auf diese Zettel (immer eine Methode pro Zettel) und pappen den Zettel in eines der vier Felder auf dem Plakatkarton. Sammeln Sie auf diese Weise Methoden, die Ihnen einleuchten. Wenn Sie dann wieder einmal eine neue Themenerarbeitung konzipieren, Klarheit über Ihr Lehrziel gewonnen und erste Ideen haben, welche Lerngegenstände Sie zum Einsatz bringen wollen, dann holen Sie diesen Plakatkarton hervor. Fragen Sie sich:

- Kann ich meiner Gruppe schon die Verantwortung für die methodische Bearbeitung der Lerngegenstände in die Hand geben? Dann suchen Sie Methoden in der unteren Hälfte. Glauben Sie, dass die Gruppe noch ein wenig Führung braucht, suchen Sie Methoden in der oberen Hälfte.
- Wo liegt eigentlich eine Begabung meiner Gruppe, die ich entwickeln möchte? Tut es Ihnen gut, den Umgang mit Sprache stärker einzuüben? Dann suchen Sie sich eine Methode auf der rechten Hälfte aus. Wäre es besser, die Konfis arbeiten mit ihrem Körper? Suchen Sie eine Methode auf der linken Hälfte.

So können Sie mit diesem Schema Ihr Methodenwissen verbreitern und präsent halten. Wenn es Ihnen wie uns geht, besteht Ihr Problem gar nicht darin, dass Sie wenige Methoden kennen, sondern dass Ihnen zwischen all dem anderen Kram in Ihrem Alltag nicht immer die richtigen Methoden zur richtigen Zeit einfallen. Das Schema hilft Ihnen, mit diesem Problem umzugehen.

So, das war's zur Pädagogik von unserer Seite. Danke, dass Sie sich durch unsere Gedankenwelt gearbeitet haben! Wenn Sie noch nicht genug Theorie haben, können Sie gern noch unseren Abschnitt zum Thema Konfirmation lesen. Die Grundentscheidungen, die wir hier in pädagogischer Hinsicht getroffen haben, wenden wir dort auf die Konfirmation an.
Auf jeden Fall wünschen wir Ihnen beim KU viel Spaß und ein gutes Gespür für die wirklich wirkende Wirklichkeit Gottes in Ihrem KU!

II. Das ganze Drumherum – Kontrakte, Ehrenamtliche, Rituale und Konfirmation

1. Kontrakte in der Konfirmandenarbeit – oder: damit alle durchblicken

Einleitung

Zur Situation gegenwärtiger Konfirmandenarbeit gehört nach unserer Einschätzung auch Folgendes: Was es heute bedeutet, Konfirmandin bzw. Konfirmand zu sein, versteht sich nicht einfach von selbst. Dieser Satz gilt nach unserer Wahrnehmung nicht nur für Konfirmandinnen und Konfirmanden, sondern auch für alle anderen am Arbeitsfeld KU Beteiligten: für Eltern, Gemeindekirchenräte und Unterrichtende. Zu vielgestaltig sind Organisationsformen und Zielsetzungen für die Konfirmandenarbeit geworden, als dass Gemeindekirchenratsmitglieder oder Eltern heutige Konfirmandenarbeit auf dem Hintergrund ihrer eigenen KU-Erfahrungen wie selbstverständlich angemessen verstehen könnten. Auch die in der Schule unter den Jugendlichen ausgetauschten Informationen über den KU in Nachbargemeinden spiegeln häufig wenig verlässlich die Wirklichkeit, die die Jugendlichen in ihrer eigenen Gemeinde erwartet.

Wie kann man mit solch einer Situation der Diffusität sinnvoll umgehen? Eine Möglichkeit besteht darin zu versuchen, sie durch Kontrakte für alle Beteiligten transparenter zu machen. Der Prozess eines Kontraktabschlusses bietet die Möglichkeit, Erwartungen und Wünsche verschiedener Personen(gruppen) aneinander zu formulieren und sich über konkrete Ab-

sprachen für ein gemeinsames Unterfangen zu verständigen. Ziel ist, dass alle Beteiligten wissen, was sie voneinander zu Recht erwarten können – und was nicht.
Vor der Beschäftigung mit Kontraktkonzeptionen und -modellen halten wir es allerdings für sinnvoll, sich zunächst über die Motive für den Versuch eines solchen Kontraktabschlusses Rechenschaft zu geben. Denn wer in Kontrakten v.a. ein Mittel zur Disziplinierung von widerwilligen Konfirmandinnen und Konfirmanden oder von Unterstützung versagenden Eltern sieht, wird vermutlich enttäuscht werden. Kontrakte verändern das Machtgefälle im Arbeitsfeld KU nicht prinzipiell: Konfirmandinnen und Konfirmanden sowie deren Eltern bleiben »am längeren Hebel«. Verweigern sie ihre Kooperation, können Kontrakte sie nicht erzwingen! Sie können nur eine allen Beteiligten bekannte Basis zur Lösung eines Konflikts zur Verfügung stellen. Dadurch tragen sie dazu bei, das konstruktive Potenzial von Konfliktsituationen zu nutzen.

Konzeptionelle Überlegungen

Unsere konzeptionellen Überlegungen stellen wir in drei Unterabschnitten dar. In Abschnitt a) geht es darum, zu beschreiben, was wir unter einem Kontrakt verstehen. Im Abschnitt b) präsentieren wir unseren Vorschlag für KU-Kontrakte in seinen Grundzügen. Der Abschnitt c) setzt sich mit der Frage nach Sanktionen bei Kontraktverstößen auseinander.

a) Was ist eigentlich ein Kontrakt in dem hier gemeinten Sinn? Wir möchten diese Frage beantworten, indem wir versuchen, die Funktion eines Kontraktes zu beschreiben. Wir bemühen uns, möglichst kurz und knapp darzustellen, worum es uns geht:
Die Funktion eines Kontraktes ist es, Verbindlichkeit unter Kontraktpartnerinnen und -partnern zu begründen. In einem Kontrakt verbinden sich Personen(gruppen), um ein klar begrenztes, gemeinsames Vorhaben nach allen Beteiligten bekannten Regeln durchführen zu können. Das Charakteristische für einen Kontrakt in Bezug auf die Begründung von Verbindlichkeit liegt nun in Folgendem: Die Entscheidung, ob bestimmte Personen(gruppen) sich zwecks eines Vorhabens durch einen Kontrakt verbinden wollen, trifft jede Person(engruppe) letztlich unabhängig von der Entscheidung der anderen Beteiligten. Nur wenn alle Beteiligten sich für das anvisierte Vorhaben entscheiden, kommt es zu einer Verbindung der Personen(gruppen) in einem

Kontrakt und entsprechend zur Durchführung des Vorhabens unter Beteiligung dieser Personen(gruppen).

Es gibt andere Formen der Begründung von Verbindlichkeit unter Personen(gruppen). Sie lassen das Charakteristische des Kontrakts deutlicher hervortreten. Deshalb führen wir sie kurz an:

- Eine andere Möglichkeit der Begründung von Verbindlichkeit ist das Gebot. Beim Gebot geht der bzw. die Gebietende davon aus, dass das Tun des Gebotenen letztlich nicht in der Entscheidung dessen steht, an den sich das Gebot richtet. Die Verweigerung des Gebotenen bedeutet eine Infragestellung der Autorität des bzw. der Gebietenden.

- Eine weitere Möglichkeit der Begründung von Verbindlichkeit ist die Sitte. Bei der Sitte ist davon auszugehen, dass die Frage, ob einer Sitte gefolgt wird oder nicht, gar nicht erst entsteht. Die Sitte begründet eine im wahrsten Sinne des Wortes selbst-verständliche Verbindlichkeit.

Ein Beispiel: In einem Vertrag über den Kauf eines Gebrauchtwagens verbinden sich Händlerin und Käufer, um das Besitzverhältnis in Bezug auf einen bestimmten Wagen durch Bezahlung eines vereinbarten Geldbetrags zu verändern. Dabei hat die Händlerin nicht das Recht, dem Käufer den Kauf des Wagens zu gebieten. (»Sie verlassen dieses Gebäude nicht, bevor Sie den Wagen gekauft haben!«) Der Käufer wiederum hat nicht das Recht, den Preis für den Wagen zu diktieren. (»Sie bleiben so lange hier, bis Sie mir den Wagen für Euro 150,- verkauft haben.«)

Ein Gebot kann diesen Vorgang nicht legitimerweise regeln. Andererseits können beide Personen nicht auf eine Sitte zurückgreifen, um diesen Handel miteinander zu tätigen; etwa nach dem Motto: Jeder und jede weiß doch, dass ein Volvo, Baujahr 1988, nach zehn Jahren für Euro 4000,- verkauft wird. Der Handel kommt nur zustande, wenn beide Personen je für sich entscheiden, sich in einem Kaufvertrag zu verbinden.

Im Gegenüber zu diesen beiden anderen Formen der Begründung von Verbindlichkeit ist vielleicht Folgendes deutlich geworden: Der Kontrakt begründet Verbindlichkeit, indem er eben diese Verbindlichkeit (nur) als eine Möglichkeit darstellt. Er geht nicht davon aus, dass das im Kontrakt anvisierte Vorhaben sich von selbst versteht. Gerade dadurch erhöht er aber seltsamerweise die Verbindlichkeit des im Kontrakt Geregelten.

Voraussetzung für einen Kontraktabschluss – und das ist für unseren Zusammenhang sehr wichtig – ist nicht, dass den beteiligten Personen(gruppen) die gleiche Machtfülle zukommt, sondern vielmehr dass alle Beteiligten darin übereinstimmen, sich gegenseitig als Handlungssubjekte von gleicher Würde anzuerkennen. In der Anerkennung dieser Gleichheit der Würde liegt das Motiv für alle Personen(gruppen), insbesondere aber für die von höherer Machtfülle, die Ausübung ihrer Macht allein im Rahmen der durch den Kontrakt gesetzten Grenzen auszuüben, da alles andere letztlich zu einer Verletzung der Würde der Kontraktpartnerinnen und -partner führen würde.

b) So viel zur Theorie. Jetzt kommen wir zu dem Konzept, das wir für KU-Kontrakte vorschlagen. Wir halten es für sinnvoll, zwischen Rahmenkontrakten einerseits und Gruppenkontrakten andererseits zu unterscheiden: Rahmenkontrakte stecken den Rahmen ab, innerhalb dessen die Arbeit beteiligter Personen(gruppen) geschieht. Sie verpflichten Unterrichtete u n d Unterrichtende. Sie

**Rahmen-
kontrakte**

werden von Unterrichtenden bzw. KU-Teams in den Prozess eines Kontraktabschlusses eingebracht. Sie enthalten die Regelungen, die nach Ansicht der jeweiligen Unterrichtenden für das Gelingen ihrer Konfirmandenarbeit unverzichtbar sind. Regelungen der Rahmenkontrakte sind deshalb auch prinzipiell nicht diskutabel. Wer sich an der Konfirmandenarbeit dieser Gemeinde beteiligen möchte, muss sich auf die im Rahmenkontrakt festgelegten Regelungen einlassen.

Wir vermuten, dass sich bei dem einen oder der anderen an dieser Stelle ein gewisses Unwohlsein einstellt: Ist das nicht doch sehr autoritär, solche Vorgaben zu machen? Wir teilen dieses Unwohlsein. Wir nehmen es als Anregung, genau zu prüfen, ob eine bestimmte Regelung wirklich unverzichtbar für das Gelingen meiner Konfirmandenarbeit ist oder ob dahinter eventuell unser Wunsch nach einem möglichst reibungslosen KU oder nach einem an den Lebensformen der so genannten Kerngemeinde orientierten Beteiligungsverhalten von Eltern und Jugendlichen steht.

Auf solche »autoritären« Rahmenkontrakte zu verzichten, erscheint uns nicht praktikabel. Unterrichtende wollen mit ihrem KU etwas Bestimmtes. Das sollen sie möglichst offensiv vertreten, damit für alle anderen Beteiligten transparent wird, worauf sie sich eigentlich einlassen, wenn sie sich zu diesem KU anmelden.

Wir haben solche Rahmenkontrakte mit Konfirmandinnen und Konfirmanden, aber auch mit ihren Eltern und mit ehrenamtlich bzw. hauptamtlich Mitarbeitenden abgeschlossen. Die Erfahrungen waren sehr überzeugend. Beispiele für solche Rahmenkontrakte finden Sie auf der CD-ROM.

Von den Rahmenkontrakten möchten wir die Gruppenkontrakte unterscheiden. Mit den Gruppenkontrakten regelt die Gruppe die Gestaltung der Be-

**Gruppen-
kontrakte**

ziehungen der Gruppenglieder untereinander. Sie werden deshalb von der Gruppe selbst erarbeitet. Unterrichtende machen in Bezug auf diese Gruppenkontrakte keine inhaltlichen Vorgaben. Sie bieten vielmehr (nur) eine Methode der Kontrakterarbeitung an. Ihre Rolle im Zusammenhang eines Gruppenkontraktabschlusses ist die einer aufmerksamen, wertschätzenden und zu Klärungen helfenden »Begleitperson«. Diese Rolle kommt Unterrichtenden in Bezug auf die Gruppenkontrakte nicht nur während des Kontraktabschlusses, sondern auch im weiteren Umgang mit dem Kontrakt zu. Wie diese Rolle zu gestalten ist, wird im Zusammenhang der Vorstellung von Methoden zur Erarbeitung eines Gruppenkontraktes genauer beschrieben.

Bevor wir auf der nächsten Seite zur Frage nach Sanktionen bei Kontraktverstößen kommen, fügen wir zur Verdeutlichung des Konzepts einen kurzen tabellarischen Überblick an:

	Rahmenkontrakte	**Gruppenkontrakte**
Wer bringt den Kontrakt ein?	Unterrichtende	Die Gruppe selbst
Was ist Inhalt des Kontrakts?	Rahmenbestimmungen, innerhalb deren der KU nach Einschätzung von Unterrichtenden gelingen kann	Regelungen zur Gestaltung der Beziehungen der Gruppenmitglieder untereinander
Rolle der Unterrichtenden?	»ProduktanbieterIn«	»Begleitperson«
Mögliche AdressatInnen?	KonfirmandInnen Eltern, Mitarbeitende in KU-Teams	v.a. KonfirmandInnen

Eine der schwierigsten Fragen im Zusammenhang der KU-Rahmenkontrakte ist folgende: Was passiert eigentlich, wenn sich bestimmte Kontraktpartnerinnen bzw. -partner nicht an den Rahmenkontrakt halten? Wie können Rahmenkontraktverstöße sanktioniert werden?

Es ist uns wichtig, darauf hinzuweisen, dass sich die Frage nach Sanktionen ja auch dann immer wieder einmal stellt, wenn man nicht mit Kontrakten arbeitet. Diese Frage entsteht also nicht erst durch die Arbeit mit Kontrakten. Kontrakte machen es aber (zum Glück!) schwieriger, dieser Frage durch nicht-öffentliche Mauschellösungen auszuweichen.

Auf der anderen Seite müssen wir allerdings zugeben: Die Arbeit mit Kontrakten verschärft die Frage nach möglichen Sanktionen, weil sie sich auf alle beteiligten Personen(gruppen) beziehen kann – auf Unterrichtete wie Unterrichtende.

Der Fall, dass Unterrichtete der Ansicht sind, ihre Unterrichtenden würden sich nicht an die Regelungen des Rahmenkontrakts halten, macht Folgendes deutlich: Die Lösung, die einem vielleicht beim ersten Blick auf den Problemkreis »Sanktionen« in den Sinn kommt – nämlich: »Wer sich nicht an den Rahmenkontrakt hält, wird eben nicht konfirmiert!«, löst dieses Problem nicht. (Denn Unterrichtende sind ja (in der Regel) bereits konfirmiert. ☺)

Es muss also (nicht nur aus diesem Grund!) eine andere Lösung her. Wir schlagen Folgendes vor:

– In einer Gemeinde, die mit KU-Kontrakten arbeitet, könnte so etwas wie ein KU-Beirat eingerichtet werden. In ihm sind mit jeweils einer Person vertreten: die Eltern, die Konfirmandinnen und Konfirmanden, die Unterrichtenden und das Presbyterium. Die Leitung hat eine weitere, möglichst nicht der »Kerngemeinde« zugehörige Person mit Gruppen- und Konfliktkompetenz (eine Mitarbeiterin aus der TS, ein Mitarbeiter aus einer Beratungsstelle, eine Vertrauenslehrerin aus einer benachbarten Schule ...), auf keinen Fall jedoch einer bzw. eine der Unterrichtenden.

– Dieser Beirat kann von allen am Arbeitsfeld KU Beteiligten einberufen werden (auch von den Konfirmandinnen und Konfirmanden), wenn eine zufrieden stellende Konfliktregelung nicht unter den Beteiligten selbst gefunden werden kann. Der Beirat fungiert in solchen Fällen als Klärungsstelle, indem er nach Anhörung aller am Konflikt Beteiligten mit ihnen eine möglichst einvernehmliche Lösung ausarbeitet.

Ganz egal, ob die Einrichtung eines KU-Beirats unter den jeweiligen örtlichen Bedingungen möglich ist oder nicht: Wer mit Rahmenkontrakten arbeitet, muss einen Ort außerhalb des Unterrichtssettings schaffen, wo Konfliktfälle geregelt werden können – ganz gleich, wie dieser Ort im Einzelnen auch immer aussieht.

Noch ein Letztes zum Thema Sanktionen: Wichtig scheint uns zu sein, dass Unterrichtende auf die Zurückstellung von der Konfirmation als Sanktionsmittel grundsätzlich verzichten. Zurückgestellt wird als ultima ratio bei krassen Verstößen gegen den Rahmenkontrakt nicht von der Konfirmation, sondern von der Konfirmandenarbeit. Ein Jugendlicher bzw. eine Jugendliche darf nicht erst im Zusammenhang der Konfirmationsvorbereitung von einer möglichen Zurückstellung erfahren. Er bzw. sie muss unmittelbar im Zusammenhang des Verstoßes (durch den Beirat) erfahren, welche Konsequenzen nun eintreten.

Die Frage nach möglichen Sanktionen bleibt schwierig. Für Hinweise auf hilfreichere Ideen im Umgang mit dieser Frage sind wir dankbar!

Rahmenkontrakt mit Konfirmandinnen und Konfirmanden

Vor den Sommerferien gestaltet die Katechumenengruppe (oder nur das KU-Team) ein Begrüßungsfest für den neuen Jahrgang. Im Rahmen dieses Festes wird der »Fahrplan« für den neuen Jahrgang vorgestellt. Diese Vorstellung geschieht z.B. mit Hilfe einer KU-Landkarte: (siehe [m 01])

Diese Landkarte zeigt den Weg der Gruppe durch den KU. Der Weg führt an einigen Stationen vorbei, die Themen oder Aktionen aus dem KU repräsentieren (Tisch • Abendmahl, Verkehrsschilder • Gebote, See • Taufe etc.).

Diese Karte ist mit Fingerfarbe auf ein Betttuch übertragen. Die »Neuen« können versuchen, einige der Symbole zu deuten. Die »Alten« können ihre Deutungen bestätigen oder ihre eigene Deutung auf dem Hintergrund ihrer KU-Erfahrung mitteilen.

Die Landkarte wird nach den Sommerferien im KU-Raum der Gruppe aufgehängt. Auf unbemalte Wegstrecken können Symbole für die Wunschthemen der Konfirmandinnen und Konfirmanden nach entsprechenden Absprachen im Unterricht gemalt werden.

Am Ende des Begrüßungsfestes erhält jeder und jede der »Neuen« sein bzw. ihr »Konfi-Ticket«. (siehe [m2]) Dieses muss jedoch entsprechend den jeweiligen Gegebenheiten angepasst werden.

Gruppenkontrakte mit KU-Gruppen
Überblick über die Arbeitsschritte:

Zeitaufwand	Sozialform	Arbeitsschritt
60 Minuten	Tisch- oder Stuhlkreis Plenum	Lösung des Rätselspiels (siehe dazu unten)
30 Minuten	Stuhlkreis Plenum	Reflexion der Lösungsfindung; festhalten von Verhaltensweisen aus der Gruppe auf Stichwortkarten
15 Minuten	Stuhlkreis Plenum	Gruppierung der Stichwortkarten unter der Frage: Welche Verhaltensweisen haben uns bei der Lösung der Aufgabe am meisten geholfen?
20 Minuten	Kleingruppen	Umformulierung der Stichwortkarten in Sätze: »Jeder und jede von uns soll/soll nicht ...
20 Minuten	Stuhlkreis Plenum	Diskussion der Satzvorschläge und eventuell Änderungen
20 Minuten	Tische Plenum	Festhalten der Sätze auf einem Plakatkarton und Unterzeichnung des Gruppenkontrakts
10 Minuten	Plenum	»Sektempfang« zum gelungenen Kontraktabschluss

Den Überblick zur Erstellung eines Gruppenkontraktes möchten wir im Folgenden kurz erläutern:

1. Schritt: Die KU-Gruppe löst gemeinsam eine Aufgabe (siehe [m3]): Sie muss mit Hilfe von Informationskarten (siehe [m4]) herausfinden, welche Person ein Flugzeug entführt hat. Dazu sitzt sie an einem großen Tisch, auf dem zwei oder drei »Eddings« sowie ein großer Plakatkarton liegen. Der

bzw. die Unterrichtende führt zunächst in die Spielwelt ein und legt dann den Stapel der Informationskarten auf den Tisch. Die Jugendlichen begeben sich an die Lösung der Detektivaufgabe. Der bzw. die Unterrichtende zieht sich zurück.
Im Prozess der Lösung dieser Aufgabe erlebt die Gruppe – zunächst noch unbewusst, welche Verhaltensweisen ihr beim Erreichen einer gemeinsamen Lösung helfen bzw. welche Verhaltensweisen dazu eher weniger helfen.

2. Schritt: Der Prozess der Lösungsfindung wird im Anschluss mit der Gruppe reflektiert (s. dazu unten die »Tipps«!). Sie benennt zunächst Verhaltensweisen aus dem Spiel, die jeweils mit einem Stichwort auf einer Stichwortkarte festgehalten werden. (z.B. durcheinander reden, zuhören, nicht auslachen usw.)

3. Schritt: Nach Abschluss dieses Schrittes versucht die Gruppe, die Stichwortkarten zu ordnen: Besonders hilfreiche Verhaltensweisen, weniger hilfreiche Verhaltensweisen werden so zusammengelegt.

4. Schritt: Je nach Anzahl der Stichwortkarten der ersten oder zweiten Kategorie werden eine Reihe von Kleingruppen gebildet, die eine bestimmte Anzahl Karten aus diesen Kategorien mitnehmen. Jede Kleingruppe hat die Aufgabe, aus jeweils einer (oder wenn es sich anbietet, aus zwei oder drei) Stichwortkarten einen Satz zu formulieren, der folgendermaßen beginnt: »Jeder und jede von uns soll bzw. soll nicht ...«

5. Schritt: Die Kleingruppen stellen ihre Sätze der Gesamtgruppe vor. Hier können Änderungswünsche diskutiert und je nachdem festgehalten werden.

6. Schritt: Zum Schluss werden alle Sätze auf einen großen Plakatkarton geschrieben, der – nachdem alle Gruppenmitglieder ihn unterzeichnet haben, im Gruppenraum aufgehängt wird.

7. Schritt: Feier des Kontraktabschlusses in der Gruppe.

Entscheidend für das Gelingen des mit dem Gruppenkontrakt angestoßenen Lernprozesses ist Folgendes:
Unterrichtende müssen die von der Gruppe aufgestellten Regeln akzeptieren. Sie dürfen nur einschreiten, wenn eine Regel die Würde einer Konfirmandin bzw. eines Konfirmanden verletzen könnte.

Im weiteren Verlauf des Unterrichts werden sie nicht zu Überwacherinnen und Überwachern der Einhaltung des Gruppenkontrakts. Ihre Rolle bleibt die einer Begleitperson. Nehmen Unterrichtende Störungen in der Gruppe wahr, initiieren sie einen Prozess der Vertragsüberprüfung:

»Welche Regel müssen wir uns in Erinnerung rufen?
Hat sich eine Regel vielleicht nicht bewährt? Müssen wir sie ändern?
Oder haben wir eine Regel vergessen?«

Dies sind im Wesentlichen die Fragen, die aus der Rolle von Unterrichtenden im Rahmen von Gruppenkontrakten erwachsen. Dieses Vorgehen erlaubt der Gruppe, ihre eigenen Lösungen für Konflikte zu finden.

Ein paar Tipps und Hinweise

Es ist wichtig, erst nach der Lösung der Aufgabe auf die Funktion der Aufgabenstellung hinzuweisen. Andernfalls geht die Authentizität im Gruppenverhalten verloren.

Das Gelingen des Schrittes »Reflexion der Lösungsfindung« wird leichter, wenn Unterrichtende einige Stichwortkarten vorgeben, aus denen die Gruppe diejenigen auswählt, die bei ihrer Lösungsfindung eine Rolle gespielt haben. Fehlendes wird entsprechend ergänzt; z.B.: Infos sammeln, runtermachen, schweigen, zuhören, kritisieren, leiten, diskutieren, unterbrechen, Quatsch machen, Ergebnisse festhalten, … Die Gruppe kann dann zunächst die Karten aussortieren, die ein Geschehen bezeichnen, das im Spiel nicht vorgekommen ist. Anschließend kann sie auf leeren Karten noch nicht benannte Verhaltensweisen aus dem Spiel benennen. Wichtig ist, dass bei jeder Karte ein Konsens in der Gruppe erzielt wird.

Die Unterzeichnung des Gruppenkontraktes kann nicht feierlich genug inszeniert werden. Lassen Sie Ihrer Phantasie freien Lauf!

Wenn Sie mit Gruppenkontrakten arbeiten wollen, müssen Sie sich darauf einlassen können, dass die Arbeit am und mit dem Beziehungsnetz der Gruppe ebenso wichtig ist wie das Pensum Ihres Unterrichtsplans.

Übrigens: Diese Art von Kontrakt ist in sozialen Brennpunkten entstanden und hat sich dort bewährt. Wir denken, ein Experiment damit kann im KU nicht schaden. Einige Unterrichtende haben uns von sehr guten Erfahrungen mit diesen Kontrakten berichtet.

Aufgrund des notwendigen Zeitrahmens bietet es sich an, einen Gruppenkontrakt während einer Anfangsfreizeit oder auf einem Blocktag zu erarbeiten. Die Erarbeitung sollte innerhalb der ersten zehn Wochen geschehen.

Rahmenkontrakt mit ehren- oder hauptamtlich Mitarbeitenden

In immer mehr Gemeinden wird der KU von Teams gestaltet. Manchmal arbeiten Eltern mit (besonders wenn das erste KU-Jahr in das dritte oder vierte Schulbesuchsjahr vorgezogen ist), häufiger engagieren sich Jugendliche, die selbst vor einem oder zwei Jahren konfirmiert worden sind. Auch Jugendreferentinnen und -referenten kooperieren immer öfter mit Pfarrerinnen und Pfarrern im KU.

In vielen Gemeinden haben sich dabei folgende Erfahrungen eingestellt: Klare Vereinbarungen über gegenseitige Erwartungen und Zeiteinsatz sind unerlässlich. Auch eine Begrenzung der Tätigkeit auf einen oder zwei Jahrgänge kann hilfreich sein. Sie wirkt einer Professionalisierung vor: Arbeiten Jugendliche oder Eltern erst einmal sechs oder mehr Jahre im KU mit, halten sich andere lieber von solchen Profis fern. Es wird dann sehr viel schwieriger sein, Neue zum Mitmachen zu bewegen.

Ehrenamtlich oder hauptamtlich Mitarbeitende im KU haben ein Amt. Ich halte es für (im wahrsten Sinne des Wortes) segensreich, sie entsprechend als Amtsinhaberinnen bzw. -inhaber zu behandeln: sie in einem Gottesdienst einzuführen und ihnen unter Handauflegung Gottes Segen zuzusprechen (s. dazu den Abschnitt »Ehrenamtliche«). Auch ein Kontraktabschluss, der ihre Verantwortlichkeiten regelt und sie vor unerwarteten Ansprüchen schützt, kann sie in ihrer Motivation und Rolle stärken.

Das Beispiel (siehe [m5]) bezieht sich auf ehrenamtlich mitarbeitende Jugendliche.

Rahmenkontrakt mit Eltern

Die Funktion dieses Kontrakts (siehe [m6]) muss sich darauf beschränken, Eltern in Erinnerung zu rufen, dass ihre Haltung zum sowie ihr Reden über den KU entscheidenden Einfluss darauf haben, ob ihr Kind aus dieser Zeit einen Gewinn zieht. Hier müssen das Angebot und das Erzählen ihre Kinder überzeugen.

Wir halten es für wichtig, dass dieser Kontrakt erst nach einem Rahmenkontrakt mit den Konfirmandinnen und Konfirmanden den Eltern im Rahmen eines Elternabends vorgestellt, besprochen und ausgegeben wird. In diesem Zusammenhang erscheint es mir sinnvoll, die Eltern zu bitten, vor Unterzeichnung des Kontraktes zunächst die Entscheidung ihres Kindes (»Konfi-Ticket«!) abzuwarten.

2. Ehrenamtliche in der Konfirmandenarbeit: mehr Leute = mehr Spaß für alle!

Was sowieso schon jeder weiß – ein paar allgemeine Hinweise

Das Thema »Ehrenamtliche in der Konfirmandenarbeit« verdient ein eigenes Buch. Ein paar Vorarbeiten für ein solches Buch mit konzeptionellen und methodischen Hinweisen für die Arbeit mit Ehrenamtlichen können Sie beim Fachbereich KU am Pädagogischen Institut der EKvW, Postfach 5020, 58225 Schwerte bestellen. An dieser Stelle möchten wir nur ein paar allgemeine und pragmatische Tipps zu diesem Thema loswerden:

Wir halten es für sinnvoll, die Arbeit mit Ehrenamtlichen jahrgangsweise zu organisieren. Alle Ehrenamtlichen verpflichten sich (per Kontrakt – s. dazu in dem entsprechenden Kapitel oben) für einen Jahrgang KU. Wer möchte, kann sich für einen weiteren Jahrgang verpflichten.

Leider fallen Ehrenamtliche nicht vom Himmel – jedenfalls nicht in Borchen und in Greifswald. (Sollte das bei Ihnen doch der Fall sein, bitten wir um eine kurze Benachrichtigung. Wir kommen dann ernten. Danke!) Man muss sich Mühe geben, um sie zu gewinnen und bei der Stange zu halten. Einige Erfahrungen, die dies erleichtern, haben wir einmal für Sie zusammengestellt:

1. Die Gewinnung von Ehrenamtlichen für die Konfirmandenarbeit gelingt am leichtesten über »Schnupperangebote« – nach dem Motto: »Probier's doch mal. Du legst dich auf nichts fest. Aber wenn's dir gefällt, hast du schon einen guten Einstieg.« Solche »Schnupperangebote« können z.B. sein:

- Freizeiten (Wochenendfreizeiten mit KU-Gruppen)
- Praktika
- Projekte (begrenzter & überschaubarer Zeitraum; erlebnisorientiert. Beispiel: Aktion sauberer Wald im Zusammenhang der Einheit Schöpfung)
- Einzelne KU-Blocktage

2. Grundsätzlich gilt:

- Je begrenzter und kalkulierbarer der monatliche Zeitaufwand ist, umso wahrscheinlicher wird die Gewinnung von Ehrenamtlichen. Deshalb haben Gemeinden mit Blockmodell größere Chancen, Ehrenamtliche zu gewinnen als Gemeinden mit Wochenstundenmodell – und Gemeinden mit einem Campmodell wiederum größere als Gemeinden mit Blockmodellen.
- Ehrenamtliche sind auf jeden Fall die besseren Werbeträger für Ehrenamtliche als Hauptamtliche! Deshalb übernehmen sie auch den Erstkontakt mit potenziellen neuen Ehrenamtlichen.

3. Die Arbeit der Ehrenamtlichen muss in der Gemeinde einen guten Ruf haben:
- Sie hat überhaupt einen Ruf in der Gemeinde.
   Es gibt Öffentlichkeit für diese Aufgabe durch Gemeindebriefartikel, öffentliche Einführungen in Gottesdiensten, Mitarbeiterfeste, Aktionen, die in Lokalzeitungen aufgenommen werden.
- Sie ist attraktiv.
   Die Ehrenamtlichen werden gut aus- und fortgebildet (auch durch Teilnahme an überregionalen Fortbildungen (kostenfrei!)). Die Ehrenamtlichen übernehmen in ihren Augen wichtige Aufgaben im Zusammenhang der KA. Sie besetzen Orte von Verantwortung. Das Team hat ein eigenes Gruppenleben (gemeinsam arbeiten, gemeinsam lernen, gemeinsam feiern).
- Die Arbeitsbedingungen sind klar und absolut unantastbar.
   Kostenregelungen, Arbeitszeiten, Anfang und Ende der Beschäftigung sind von vornherein klar geregelt.

4. Ein paar Warnschilder:
- Ehrenamtliche brauchen v.a. in der Anfangsphase zahlreiche Erfolgserlebnisse.
   Deshalb müssen sie die Methoden, die sie im Unterricht anwenden, wirklich beherrschen. Das »gelenkte Unterrichtsgespräch« sollte nicht in ihrer Verantwortung liegen.
- Ehrenamtliche sind besonders in der Anfangsphase oft unsicher. Hauptamtliche verstärken durch ihre Gegenwart häufig diese Unsicherheit.
   Gut ist es, etablierte Ehrenamtliche mit neuen Ehrenamtlichen in Zweierteams zusammenarbeiten zu lassen. Hauptamtliche sollten sich von Ehrenamtlichen bewusst fern halten.

- Je länger eine Gruppe von Ehrenamtlichen ohne Abgänge oder Neuzugänge zusammen arbeitet, umso schwieriger wird es, neue Ehrenamtliche zu gewinnen.
  Jedes Jahr sollten deshalb zwei neue Ehrenamtliche gewonnen werden. Dieses Ziel sollte allen Teammitgliedern bekannt sein und im Team zu einem festgelegten Zeitpunkt besprochen werden.
- Ehrenamtliche müssen »in Ehren« aus ihrer Tätigkeit entlassen werden können.
  Eine Gemeinde muss dafür einen öffentlichen Ritus entwickeln. Dafür finden Sie auf den folgenden Seiten ein paar Vorschläge.

Vorschläge zur liturgischen Einführung und Verabschiedung von ehrenamtlich Mitarbeitenden im KU

a) Einleitung
Die folgenden Liturgievorschläge haben ehrenamtlich Mitarbeitende im Blick, die über einen gesamten Jahrgang hinweg regelmäßig im KU mitarbeiten. Für diese Mitarbeitenden gehört eine gottesdienstliche Einführung bzw. Verabschiedung zur Mitarbeitendenpflege. Denn in solchen liturgischen Handlungen kommt an zentraler Stelle im Gemeindeleben die Anerkennung zum Ausdruck, die die Gemeinde und Gott selbst ihrer Arbeit zukommen lassen.
Wer ehrenamtlich im KU Mitarbeitende auf die folgende oder andere Weise einführt und verabschiedet, wird sich früher oder später mit etwa folgender Frage konfrontiert sehen: »Warum denn nur für diese Mitarbeitenden liturgische Handlungen anbieten? Was ist denn mit all den anderen Ehrenamtlichen in der Gemeinde?« Eine Diskussion dieser Fragen ist wichtig. Ihr Ergebnis wird von Gemeinde zu Gemeinde unterschiedlich ausfallen (müssen). Zu welcher Lösung Sie in Ihrer Gemeinde auch immer kommen, Folgendes darf unserer Meinung nach nicht geschehen: nämlich der völlige Verzicht auf gottesdienstliche Einführung und Verabschiedung der Ehrenamtlichen im KU, um bloß niemanden zu verprellen.
Auf ein Zweites möchten wir Sie noch hinweisen: Zur Einführung gehört die Verabschiedung wie der Auspuff zum Motor. Wir sind davon überzeugt, dass wir in unseren Kirchen eine Kultur des »In-Ehren-Gehen-Lassens« entwickeln müssen. Wir halten dies aus vielen Gründen für wichtig – u.a. auch ganz einfach deswegen, damit mehr Menschen mehr Gelegenheiten bekommen können, durch aktive Mitarbeit einen höheren Grad an Identifika-

tion mit ihrer Gemeinde und ihren Überzeugungen entwickeln zu können. Diese Möglichkeit entfällt, wenn dieselben Personen Mitarbeitsplätze über Jahre hinweg besetzen. Die folgenden Texte zur Einführung und Verabschiedung finden Sie auch auf der CD-ROM.

b) Einführung von Ehrenamtlichen

Der folgende Vorschlag für die Einführung eines bzw. einer ehrenamtlich Mitarbeitenden im KU findet einen organischen Platz im Rahmen der Gottesdienstliturgie unmittelbar vor den Fürbitten. Andere Verortungen sind auch denkbar. Ein idealer Ort für die Einführung ist der Gottesdienst zur Vorstellung der Katechumeninnen und Katechumenen.

1. Vorstellung und Willenserklärung

PfarrerIn und/oder JugendpresbyterIn sowie »alte« Teammitglieder stehen vor dem Altar.

PfarrerIn und/oder JugendpresbyterIn an die Gemeinde:

»Liebe Gemeinde!
Ich freue mich/Wir freuen uns, dass wir in diesem Gottesdienst folgende Personen in ihr Amt als Mitarbeiterin und Mitarbeiter in der Konfirmandenarbeit einführen können:
Namen.«

Mit der Nennung ihres Namens treten die jeweiligen Personen nacheinander vor den Altar.

PfarrerIn und/oder JugendpresbyterIn an die Einzuführenden:

»Liebe Schwestern! Liebe Brüder!
Die Konfirmandenarbeit spielt in unserer Gemeinde eine wichtige Rolle. Sie gibt den Konfirmandinnen und Konfirmanden viele Gelegenheiten, eigene Überzeugungen zu entwickeln und der Wirklichkeit Gottes in dieser Welt nachzuspüren.
Damit unsere Konfirmandenarbeit gelingen kann, braucht sie Mitarbeiterinnen und Mitarbeiter, die den Jugendlichen ihre eigenen Überzeugungen von Gott und der Welt durch Zuhören, Fragen, Handeln und Reden zugänglich machen.

Wollt ihr das für die Konfirmandinnen und Konfirmanden dieses Jahrgangs tun, so antwortet: »Ja, mit Gottes Hilfe!«.«

Antwort der Einzuführenden

2. Segenshandlung

PfarrerIn und/oder JugendpresbyterIn:

»Eure Arbeit im KU tut ihr nicht allein. Ihr seid Teil eines Teams, in dem jeder und jede Unterstützung für seine bzw. ihre Arbeit bekommt. Darüber hinaus sollt ihr wissen: Eure Arbeit steht unter dem Segen Gottes. Gott wird dafür sorgen, dass euer Zuhören und Fragen, euer Handeln und Reden bei den Konfirmandinnen und Konfirmanden Gutes bewirken. Mit diesem Segen Gottes stärken wir euch jetzt für eure Arbeit:

Die Einzuführenden knien nieder. Handauflegung durch PfarrerIn, Jugend-presbyterIn und »alte« Teammitglieder. Jeder/jede Einzuführende erhält seinen/ihren Segensspruch.
Abschluss der Segenshandlung durch PfarrerIn und/oder Jugendpresbyte-rIn:

»So segne und behüte euch Gott, der Allmächtige und der Barmherzige, der Vater, der Sohn und der Heilige Geist! Amen.

3. Fürbittempfehlung

Die Eingeführten erheben sich und drehen sich zur Gemeinde.
PfarrerIn und/oder JugendpresbyterIn:

»Liebe Gemeinde! Konfirmandenarbeit macht Spaß und ist trotzdem nicht leicht. Diese neuen Mitarbeiterinnen und Mitarbeiter brauchen auch Ihre Unterstützung. Sie müssen sich darauf verlassen können, dass andere für sie beten. Bitte vergessen Sie das nicht!«

Zu den Eingeführten:

»So geht nun im Frieden des Herrn! Der Herr ist mit euch!«

Die Eingeführten und die Gemeinde:

»Amen.«

Die Eingeführten setzen sich. In das anschließende Fürbittengebet werden sie (namentlich) aufgenommen. Ein Kirchencafé bietet sich an.

c) Verabschiedung von Ehrenamtlichen
Der folgende Vorschlag für die Verabschiedung eines bzw. einer ehrenamtlich Mitarbeitenden im KU findet einen organischen Platz im Rahmen des Konfirmationsgottesdienstes nach der »Einsegnung« der Konfirmandinnen und Konfirmanden. Andere Verortungen sind auch denkbar.

1. Einleitung

PfarrerIn, JugendpresbyterIn, zwei VertreterInnen der Konfirmandengruppe stehen vor dem Altar.

PfarrerIn und/oder JugendpresbyterIn:

»Liebe Gemeinde!
In diesem Gottesdienst verabschieden wir folgende Personen aus ihrem Amt als Mitarbeiterin oder Mitarbeiter in der Konfirmandenarbeit:
Namen.«

Mit der Nennung ihres Namens treten die jeweiligen Personen nacheinander vor den Altar.

PfarrerIn und/oder JugendpresbyterIn an die zu Verabschiedenden:

»Liebe Schwestern! Liebe Brüder!
Ihr habt in den vergangenen Jahren eure Zeit, eure Kraft, eure Begabungen und euer Wissen dafür eingesetzt, dass diese Konfirmandinnen und Konfirmanden eigene Überzeugungen entwickeln und der Wirklichkeit Gottes in dieser Welt nachspüren konnten.
Ich bin/Wir sind davon überzeugt, dass euer Zuhören und Fragen, euer Handeln und Reden den Jugendlichen neue Verständnisse von Gott und der Welt zugänglich gemacht haben.
Dafür danken wir/danke ich euch im Namen Gottes!

Eure Arbeit im KU ist jetzt getan. Es ist Zeit, euch in allen Ehren gehen zu lassen.
Von dem Segen, zu dem ihr für die Konfirmandinnen und Konfirmanden geworden seid, geben sie euch nun etwas zurück.«

▶ *2. Segenshandlung*

Die zu Verabschiedenden knien nieder. Die VertreterInnen der Konfis treten vor sie und legen ihnen die Hände auf. Jeder/jede zu Verabschiedende erhält seinen/ihren Segensspruch. Abschluss der Segenshandlung durch PfarrerIn und/oder JugendpresbyterIn:

So segne und behüte euch Gott, der Allmächtige und der Barmherzige, der Vater, der Sohn und der Heilige Geist! Amen.

Die Verabschiedeten erheben sich. Die Konfirmandinnen und Konfirmanden überreichen ihnen ein Geschenk.
PfarrerIn und/oder JugendpresbyterIn:
»So geht nun im Frieden des Herrn! Der Herr ist mit euch!«

Die Verabschiedeten und die Gemeinde:

»Amen.«

Die Verabschiedeten setzen sich! In das Fürbittengebet werden sie (namentlich) aufgenommen.

3. Rituale – Anfang und Ende gut, alles gut

Eingangsrituale – auf die Gruppe bezogen

KU-Bibel
Material: Bibel, Textmarker
Eine besonders gestaltete Bibel macht in der KU-Gruppe während der gesamten KU-Zeit die Runde. Wer sie mit nach Hause nimmt, sucht sich
einen Text oder auch nur einen Vers aus, der ihn oder sie besonders an-
spricht, abstößt, fasziniert. Dieser Vers wird mit einem Textmarker von dem
bzw. der jeweiligen Konfi angestrichen.
Zu Beginn der KU-Stunde setzen sich alle auf den Boden in einen Kreis.
Der bzw. die Konfi mit der KU-Bibel zündet eine Kerze in der Mitte des
Kreises an. Ein Lied wird gesungen oder ein Musikstück gehört. Dann liest
der bzw. die Konfi ihren Text/Vers vor. Noch einmal wird ein kurzes Musikstück gespielt. Die Gruppe kann während dieser Zeit den Text auf sich wirken lassen. Anschließend können alle Konfis ihren Eindruck zu dem Text
sagen oder dem bzw. der aussuchenden Konfi eine Frage zu dem Text stellen (Warum hast du den Text ausgesucht? Wie lange hast du gesucht? Wo
steht der Text? ...). Diese Runde kann mit Hilfe eines Redesteins gestaltet
werden. Am Schluss gibt der bzw. die Konfi, die einen Text vorgelesen hat,
die KU-Bibel an eine Person ihrer bzw. seiner Wahl weiter. Danach löscht
diese Person die Kerze. Die Gruppe setzt sich auf die Stühle.
Vor der Konfirmation stellen die Unterrichtenden alle Texte, die in diesem
Rahmen in der Gruppe gelesen worden sind, in einem kleinen Heft zusammen. Evtl. kann ein Foto aus der Kirche o. Ä. das Deckblatt für das Heft
sein. Zur Konfirmation erhalten alle Konfis eine Kopie dieses Heftes. Den
Konfis ist von Anfang an bekannt, dass es dieses Heft geben wird.

Ich fühle mich wie ...
Viele Unterrichtende suchen nach einer Möglichkeit, den Konfis am Beginn
der KU-Stunde Gelegenheit zu geben, ihre jeweilige Befindlichkeit auszu-
drücken und sich evtl. auch etwas von ihr zu distanzieren, um arbeitsfähig

zu werden. Die Idee ist gut, die Umsetzung schwierig. Hier muss mit der Gruppe gemeinsam experimentiert werden, um zu sehen, was funktioniert und was nicht. Es ist deshalb wichtig, den Konfis die Funktion solcher Rituale zu erläutern, ihre Zustimmung einzuholen und mit ihnen zu überlegen, wie das gehen könnte. Ein paar Ideen für solche Rituale sollen kurz vorgestellt werden. Voraussetzung für ihre Durchführung ist, dass die KU-Stunde nicht wesentlich weniger als 90 Minuten dauert!

a) Stein oder Kerze:
Material: Kieselsteine, Teelichter, große Kerze auf einem Tuch, Tisch, Streichhölzer
Die Gruppe sitzt in einem Sitzkreis auf dem Boden des KU-Raumes. In der Mitte steht eine große Kerze. Um sie herum steht eine Reihe Teelichter. Außerdem liegt eine Reihe von Kieselsteinen in verschiedenen Größen um die Kerze.
Ein bzw. eine Konfi zündet die große Kerze an. Der bzw. die Unterrichtende beginnt das Ritual etwa folgendermaßen: Schön, dass ihr jetzt hier seid. Ihr habt heute schon eine ganz Menge erlebt. Wie ist es euch dabei ergangen: eher gut oder eher nicht so gut? Wählt euch einen Stein, wenn ihr nicht so gut drauf seid. Wählt euch ein Teelicht und zündet es an, wenn es euch eher gut geht. Ich fange an.
Der bzw. die Unterrichtende wählt sich Stein oder Kerze und ruft das nächste Gruppenmitglied auf. Wenn alle sich einen Stein oder ein Teelicht gewählt haben, deutet der bzw. die Unterrichtende kurz den Gesamteindruck. Dann gibt er bzw. sie Gelegenheit, die jeweilige Wahl zu begründen. Wichtig: Niemand muss eine Begründung für seine bzw. ihre Wahl geben. Evtl. kann der bzw. die Unterrichtende unaufdringlich nachfragen, wenn jemand sich z.B. einen besonders großen Stein oder gleich zwei Teelichter genommen hat.
Zum Abschluss legen alle Gruppenmitglieder ihren Stein bzw. ihr Teelicht auf einen Tisch in einer Ecke des Raumes. So bleibt die Gruppenstimmung während der KU-Stunde symbolisch präsent.

b) Stimmungswaage:
Material: Eine große (unbewegliche) Holzwaage mit zwei Waagschalen (zwei Baulatten auf einem Ständer über Kreuz, zwei Holzschalen am Querbalken mit Nylonfaden angebunden), Wattebäuschchen, Steine

Dieses Ritual ist besonders gut für große Gruppen (etwa im Rahmen von Block-KU) geeignet.

Ein Halbstuhlkreis ist auf eine große Waage hin geöffnet. (Ein großes Holzkreuz mit zwei Tellern an Drähten reicht. Die Waage muss nicht beweglich sein, sollte sie sogar nicht!) Vor der Waage stehen ein Eimer mit Kieselsteinen und ein Eimer mit Wattebäuschchen.
Der bzw. die Unterrichtende beginnt das Ritual etwa folgendermaßen: Schön, dass ihr jetzt hier seid. Ihr habt heute schon eine ganz Menge erlebt. Wie ist es euch dabei ergangen: eher gut oder eher nicht so gut? Wählt euch einen Stein, wenn ihr nicht so gut drauf seid. Wählt euch eine Wattewolke, wenn es euch eher gut geht. Ich fange an. Legt euren Stein oder eure Wolke auf die Waage.
Die Konfis führen den Auftrag gleichzeitig aus. Haben alle ihren Stein bzw. ihre Wolke auf der Waage abgelegt, deutet die Gruppe das Ergebnis. Ist die Gruppe gut integriert, kann sie sich evtl. auch Konsequenzen für die jeweilige KU-Stunde überlegen.
Zum Abschluss des Rituals wird der Stuhlkreis geschlossen. Die Waage bleibt unverändert im Raum stehen. In einem Schlusskreis kann der die Waage wieder in den Kreis einbezogen werden. Evtl. kann ein Gebet die Stimmungslage aufnehmen oder ein Segensspruch darauf Bezug nehmen.

Rituale mit Themenbezug

Thema: Beten – Fürbittangebot
Voraussetzung für dieses Ritual: Jedes Gruppentreffen schließt mit einer Schlussrunde – möglichst im Altarraum der Kirche.
Beten spielt im Leben der Jugendlichen eine erstaunlich große Rolle (s. dazu die Einleitung zur Themenerarbeitung »Beten«). Diese Rolle des Betens im Leben der Jugendlichen kann in Ritualen gestaltet werden.

Erste Möglichkeit:
Material: DIN-A6-Zettel oder Karten mit Umschlägen, »Gebetsmühle« (= interessant gestalteter Kasten mit Einwurfschlitz; evtl. von der Gruppe selbst gebaut!)
Die Jugendlichen können anonym oder unter Nennung von Namen Probleme, Ängste, Wünsche und Hoffnungen auf einem Blatt Papier festhalten.
Die Blätter der Jugendlichen werden in einer »Gebetsmühle« gesammelt, die im KU-Raum steht und wöchentlich von Unterrichtenden geleert wird.
Die Blätter der Jugendlichen werden von den Unterrichtenden an zwei oder drei ausgewählte Gemeindeglieder weitergegeben, die sich verpflichten, diese

Anliegen der Jugendlichen im Laufe der Woche an Gott weiterzugeben. Im Rahmen der Einheit »Gebet« trifft sich die Gruppe mit diesen Gemeindegliedern: Sie tauschen sich darüber aus, was es für die jeweiligen Personen bedeutet hat, ihre Anliegen weiterzugeben bzw. die weitergegebenen Anliegen in ihre Fürbitte aufzunehmen.

Zweite Möglichkeit:
Material: Stellwände oder Kartons oder Spanplatten für eine Wand; DIN-A6-Zettel in einem Kasten, Stifte, Tesa-Film oder Heftzwecken (je nach Wandmaterial), Zettelkasten
Die Jugendlichen richten im Zusammenhang der Gestaltung eines Gottesdienstes zum Thema Gebet eine Gebetswand in der Kirche ein, auf der Gemeindeglieder (wenn die Kirche geöffnet ist, während der Woche, ansonsten Sonntags) ihre Ängste, Wünsche, Hoffnungen etc. auf kleinen Zetteln festhalten können.
Diese Zettel werden im Rahmen einer Abschlussrunde des jeweiligen Gruppentreffens von der Gebetswand gelöst und im Kreis der Jugendlichen verteilt. Im Rahmen eines Fürbittengebets nennen die Jugendlichen das Anliegen ihres Zettels. Für jeden Zettel wird eine Kerze auf dem Altar angezündet. Nach dem Fürbittengebet werden die Zettel in einem Kasten gesammelt. Die Abschlussrunde schließt mit einem Segen.
Der »Zettelkasten« wird am Ende der KU-Zeit bzw. des Themas in der letzten gemeinsamen Schlussrunde geöffnet. Die Zettel werden noch einmal durchgesehen. Ein paar Gedanken oder Erinnerungen zu einzelnen Zetteln können ausgetauscht werden. Diese Schlussrunde endet mit einem Vertrauenspsalm.

Thema: Gott – Ausstellung zusammentragen: »Was mir heilig ist ...«
Material: evtl. ein selbst gebauter Altar, Kerze, Tuch, Streichhölzer, farbiger Bastelkarton, Klebstoff, Scheren, Draht, Wachsmalstifte, Filzschreiber, Ton, Wollfäden, Stoffreste, kleine Plastikfiguren, getrocknete Blumen, Moos, Zweige, Samen, Tannenzapfen, Steine, Muscheln, Gräser, Federn, Aluminiumfolie usw.; außerdem Papier und Bleistift, Kerze auf einem Tuch, Streichhölzer
Voraussetzung für dieses Ritual: Jedes Gruppentreffen schließt mit einer Schlussrunde – möglichst in der Kirche.
(Mögliche Vorbereitung des Rituals: Im Rahmen der Einheit »Gemeinde und Kirche kennen lernen« bauen die Jugendlichen einen kleinen Altar – dabei klären sie Fragen wie: Was gehört zu einem Altar? Was ist eigentlich ein Altar? Warum stehen in christlichen Kirchen immer Altäre? Etc.)

Jeweils ein bzw. eine Konfi bringt zur Schlussrunde eines Gruppentreffens einen Gegenstand oder ein Bild eines Gegenstandes oder einer Person oder auch eine Kopie bzw. Abschrift eines Textes mit, der/das/die ihm bzw. ihr »heilig« ist.

Die Jugendlichen sitzen in einem Sitzkreis auf dem Boden des Chorraumes der Kirche. Ein bzw. eine Konfi zündet eine Kerze auf einem Tuch o.Ä. in der Mitte des Sitzkreises an. Die bzw. der Unterrichtende führt das Ritual ein: »Heute hat uns N.N. etwas mitgebracht, was ihr bzw. ihm wichtig ist. Wir wissen noch nicht, was es ist. N.N. wird es uns jetzt zeigen.«

Der bzw. die Konfi stellt ihren Gegenstand etc. vor, indem er bzw. sie ihn durch den Kreis an allen anderen Konfis vorbeiträgt. Sie bzw. er legt ihn anschließend neben die Kerze auf das Tuch und setzt sich. Sie bzw. er erklärt jeweils in einem Satz, warum ihr bzw. ihm der mitgebrachte Gegenstand etc. heilig ist.

Sie bzw. er darf jemanden aussuchen, der bzw. die den Gegenstand aus der Mitte des Sitzkreises auf den (selbst gebastelten (s.o.)) Altar legen darf. Beim Ablegen auf dem Altar wird dieser Vorgang durch folgenden Satz interpretiert (Der Satz ist vorher mit den Konfis diskutiert worden): »Was uns wichtig ist im Leben, ist bei dir, Gott, gut aufgehoben!«

Am Ende der Einheit »Gott« kann der Altar noch einmal betrachtet und interpretiert werden durch Psalm 146,4: »Die Erde ist des Herrn und alles, was darinnen ist. Gott ist nichts fremd. Er kennt uns. Er weiß, was uns wichtig. Er weiß, was für uns wichtig ist.«

Rituale mit Bezug auf die Arbeit der Gruppe

Fingerspitzengefühl
Material: Geldstück (ab 1 Euro)
Dieses Ritual kann helfen, Gruppen auf einen Arbeitsschritt einzustimmen, bei dem es um genaue Wahrnehmung geht.

Die Gruppe steht in einem Kreis. Ein Euro wird von Zeigefinger zu Zeigefinger weitergegeben, ohne dass eine weitere Hand oder ein weiterer Finger beim Weitergeben benutzt werden darf.

Ist das Geldstück einmal durch den Kreis gelaufen, deutet der bzw. die Unterrichtende das Geschehen: »Für das, was wir jetzt vorhaben, brauchen wir etwas Fingerspitzengefühl ...«

Jonglierende Gruppe
Material: ca. 10 Tennisbälle (oder besser, Erbsensäckchen)
Dieses Ritual kann, nachdem es über einige Wochen hinweg eingeübt worden ist, Gruppen auf einen Arbeitsschritt einstimmen, bei dem Kooperation besonders wichtig ist.
Die Gruppe steht in einem Kreis. Alle erheben ihre rechte Hand. Ein Tennisball durchläuft nun die Gruppe so, dass jeder bzw. jede den Ball einmal in der Hand gehalten hat. Der erhobene rechte Arm ist das Zeichen dafür, dass der bzw. die Betreffende den Ball noch nicht gehabt hat. Hat jemand den Ball gehabt, nimmt er bzw. sie den Arm herunter. Jeder bzw. jede merkt sich, von wem er bzw. sie den Ball bekommen hat und zu wem er bzw. sie den Ball geworfen hat.
Ist der Tennisball so einmal durch die Gruppe gelaufen, veranlasst der bzw. die Spielleitende einen zweiten Testlauf in derselben Reihenfolge. Die Arme werden nun nicht mehr erhoben.
Sind alle Unklarheiten beseitigt, beginnt das Spiel: Nach und nach gibt der bzw. die Spielleitende immer mehr Bälle in die Gruppe, die in der immer gleichen Reihenfolge die Gruppe durchlaufen. In der Regel schafft es eine Gruppe, drei oder vier Bälle am Laufen zu halten. Ist das Spiel geübt, stellt sich bald ein eigener Gruppenrhythmus ein, der auch über das Spiel hinaus erhalten bleibt.
Ist die Gruppe sehr groß (über 13), kann sie geteilt werden. Das dadurch entstehende Wettbewerbsmoment (»Welche Gruppe kann mehr Bälle am Laufen halten?«) konzentriert das Spiel weiter und hilft auch unruhigen Gruppen, sich zu konzentrieren.
Das Spiel kann auch im Sitzkreis gespielt werden. Die Bälle werden dann zugerollt.

4. Konfirmation – »Also wenn Sie mich fragen ...«

Das Konfirmationsbekenntnis als öffentliche Darstellung der Religionsmündigkeit in einer Momentaufnahme

Einleitung

Den hier folgenden Gedankengang habe ich (Hans) gemeinsam mit meinen ehemaligen Kollegen aus Pädagogischen Instituten anderer Landeskirchen (Volker Elsenbast, Jörg Schirr, Hanfried Victor – vielen Dank, Jungs! Hat wirklich Spaß gemacht!) entwickelt. Dieser Gedankengang versucht, auf den Ritus der Konfirmation anzuwenden, was uns auch didaktisch wichtig ist: nämlich Religion als Funktion von Lebensvollzügen zu explizieren oder – in einem anderen Jargon – Gottes Wirklichkeit in ihrer Beziehung zur menschlichen Lebenswirklichkeit ins Spiel zu bringen.

Wir haben diese Gedanken mit einer Reihe von Unterrichtenden diskutiert. Immer wieder haben wir dabei die Rückmeldung erhalten: »Das überfordert die Jugendlichen total.« Diese Rückmeldung hat uns darauf aufmerksam gemacht, dass unser Gedankengang missverständlich ist. Deshalb hier ein kurzer Vorspann, der Ihnen sozusagen eine Brille als Lesehilfe für den folgenden Text aufsetzen soll:

In der Konfirmation feiern alle möglichen Personen(gruppen) alles Mögliche: das Wiedersehen mit Oma, das viele Geld und die schönen Geschenke, das erste Bier oder der erste Korn, die Erhaltung von A 13 oder A 14 durch neue Kirchensteuerzahler, die Gewinnung neuer Ehrenamtlicher für die Jugendarbeit, den Abschied von Anna, neben der ich so gern einmal sitzen wollte, das Gefühl, ein Stückchen erwachsener zu sein, die Zuversicht, dass mich im Leben noch etwas anderes hält als die Anerkennung durch meine Eltern oder die peer-group ...

Es gibt kein Definitionsmonopol für die Konfirmation – und für diese Tatsache auch kein Änderungsmonopol. Die Einsicht in diesen Sachverhalt ist in der Konfirmationstheologie der letzten Jahrzehnte vor allem dadurch wirksam geworden, dass man sich bemüht hat, in Segenshandlung und Fürbitte die (angeblichen) Hauptmotive von Eltern und Konfis in der Konfirmationsfeier zu gestalten. Das war nicht falsch, sondern in höchstem Maße »dran«! Falsch war unseres Erachtens jedoch, dass weithin die Bereiche des Konfirmationsgottesdienstes, die sich nicht auf den ersten Blick als aus den Motiven von Konfis und Eltern entspringend interpretieren ließen, an den Rand des Konfirmationsgottesdienstes und der Konfirmationstheologie gedrängt wurden. Hier setzt unser Gedankengang an, in dem wir fragen, wie denn nun eigentlich das Konfirmationsbekenntnis zu entfalten ist.

Der Untertitel dieses Kapitels gibt an, wie wir uns das vorstellen: Das Konfirmationsbekenntnis ist *eine* wichtige Gelegenheit für Konfis, darzustellen, wie sie sich die Beziehung von Wirklichkeit Gottes und Wirklichkeit der Welt vorstellen.

Damit das Missverständnis einer Überforderung der Jugendlichen durch eine solche Aufforderung zur Darstellung nicht aufkommt, bitten wir Sie, Folgendes beim Lesen des Textes im Blick zu behalten:

- Die genannte Darstellung der Beziehung von Wirklichkeit Gottes und Lebenswirklichkeit von Menschen geschieht jeweils mit den Mitteln, die den real existierenden Konfis zur Verfügung stehen: manchmal durch Worte, manchmal durch Musik, manchmal durch Bilder, vielleicht auch nur durch Gesten.
- Sie zeigt eine Momentaufnahme in einem lebenslangen Prozess, der durch den wechselseitigen Austausch solcher Momentaufnahmen seinen inneren »Drive« erhält und behält.
- Die Darstellung bewegt sich jenseit von gut und böse, von richtig und falsch. Sie ist Aufforderung und Einladung an den Rest der Gemeinde, in den genannten Austausch einzutreten und gemeinsam Neues und Bewährtes je für sich und füreinander zu entdecken.

Diesen Gedankengang historisch (angesichts der Geschichte der Konfirmation und der Konfirmandenarbeit) und theologisch zu entfalten, ist Absicht des folgenden Textes:

Bedeutungen und Funktionen der Konfirmation – ein kurzer Rückblick

Jede Konfirmationstheologie steht vor dem Problem, dass sich die Bedeutung der Konfirmation nicht eindeutig aus ihrer Geschichte ergibt. Das liegt zum einen daran, dass sich für die Konfirmation keine normierende Ursprungssituation – so wie etwa für die Taufe oder das Abendmahl – ausmachen lässt. Die Konfirmation ist eben nicht eine Idee des Jesus von Nazaret, sondern eine Erfindung der Kirche. Zum anderen vergaß der Erfinder der Konfirmation, ein Patent bzw. ein Copyright auf seine Erfindung anzumelden. Deshalb konnte sie im Laufe ihrer Geschichte immer wieder überarbeitet werden, um ihre Leistungsfähigkeit in sehr unterschiedlichen historischen und (religions-)gesellschaftlichen Situationen zu steigern oder sogar erst zu gewinnen. Dieser Vorgang soll anhand von drei historischen Schlaglichtern erläutert werden.

1. In protestantischen Kirchen gab es zwar schon immer – wenigstens dem Anspruch nach – einen Zusammenhang zwischen der Zulassung zum Abendmahl und einer kirchlichen Unterweisung. Allerdings war die Konfirmation in vorpietistischer Zeit auf dem Gebiet des heutigen Deutschland eher die Ausnahme als die Regel. Die erste belegbare Konfirmation in Bayern fand 1734 in Franken statt; in Hamburg lässt sie sich sogar erst ab 1832 nachweisen.

2. Im Pietismus wurde das Potential der reformatorischen Erfindung erkannt und im Sinne seiner Theologie gedeutet: Hier diente sie der Bildung und/oder Stärkung des religiösen Individuums, das sich und die Gemeinde in der Konfirmationsfeier seines Glaubens vergewisserte.

3. Eine flächendeckende Konfirmationspraxis entwickelte sich erst in der ersten Hälfte des 19. Jahrhunderts. Sie geht Hand in Hand mit dem Übergang von der ständischen zur bürgerlich-bildungsbestimmten und kapitalistisch-geldbestimmten Gesellschaft. Im Gefälle der Lockerung des Familienverbundes durch industrialisierte Produktionsprozesse sowie aufgrund des Bildungsinteresses des seiner selbst bewusst gewordenen Burgertums kam es nach und nach zur Durchsetzung der allgemeinen Schulpflicht. Aus dieser Pflicht wurden die evangelischen Jugendlichen mit der Feier der Konfirmation entlassen. Taucht in dieser Zeit der Begriff Unterricht im Zusammenhang mit der Konfirmation auf, so bezieht er sich in aller Regel nicht auf eine gemeindliche Veranstaltung, sondern auf den (religiös geprägten) Schulunterricht. Der harte Übergang in die ökonomische und soziale Selbstständigkeit war bis ins 20. Jahrhundert für die Konfirmation Sitz im Leben.

Wie andere gute Erfindungen wurde also auch die Konfirmation erst 200 bis 300 Jahre nach ihrer »Erfindung« zu einem Erfolg – dies aber nicht ganz im Sinne der Reformatoren, für die das Unternehmen Konfirmation und Konfirmandenunterricht seinen Sinn vor allem aus der Praxis der Kindertaufe und der Abgrenzung gegen ein schwärmerisch-täuferisches Christentum bezog.

Diese wenigen Schlaglichter aus der Geschichte veranschaulichen den oben formulierten Sachverhalt: Die Konfirmation hat ihre Bedeutung sowohl zu unterschiedlichen Zeiten als auch in unterschiedlichen Bezugssystemen (Kirche, »ecclesiola«, bürgerliche Gesellschaft, ...) je neu gewinnen müssen. Ihre Anpassungsfähigkeit an vielfältige historische und (religions-)gesellschaftliche Bedürfnislagen begründete ihren Erfolg. Zugleich ist damit auch auf die Aufgabe hingewiesen, die uns heute gestellt ist: nämlich den Streit über die Adaptation des uns überlieferten Ritus an *unsere* historische und religionsgesellschaftliche Bedürfnislage zu führen.

Was leistet der Ritus Konfirmation für das System Kirche?

In den folgenden Überlegungen soll die Funktion der Konfirmation für das System Kirche geklärt werden. Andere Bezugssysteme, die – wie geschildert – in der Geschichte der Konfirmation auch eine Rolle gespielt haben (bürgerliche Gesellschaft, Schule, aber auch Familie), werden zunächst zurückgestellt. Der Gedankengang setzt an bei der Taufe: von hier aus lässt sich in historischer und theologischer Perspektive die Leistung des Konfirmationsritus für das System Kirche entfalten:

Kirchen, die Kinder taufen, setzen Menschen in ein Verhältnis zur Gott, ohne dass diese Menschen sich bereits selbst in einem solchen Verhältnis verstehen (können).

Dies ist kein Problem, solange die Verantwortung für die Ausprägung des gesetzten Verhältnisses nicht den einzelnen Christinnen und Christen übertragen ist, sondern dauerhaft bei der Institution bleibt. Dann kann die Institution durch entsprechende Handlungen die Verhältnissetzung herbeiführen, erneuern und garantieren, ohne dass das Selbstverständnis eines Christen/einer Christin jemals ausdrücklich zum Thema werden muss. Diese »Lösung« bestimmt die römische Kirche über weite Teile ihrer Geschichte.

Die Probleme sind auch dann noch relativ begrenzt, wenn den Christinnen und Christen zwar die Zuständigkeit für die Verhältnissetzung übertragen ist (und sie damit zu religiösen Subjekten) werden, sie sich aber in einer religiös homogenen Umwelt vorfinden. Denn dort ist die Ausprägung einer

bestimmten Religiosität durch Tradition und Sitte weitgehend alternativlos
vorgegeben.

Probleme entstehen für die deutschen protestantischen Kirchen, da sie beide
Wege nicht als Lösungen in Anspruch nehmen konnten:

Der erste Weg verbot sich aufgrund reformatorischer Ekklesiologie, der zufolge das religiöse Subjekt in einem Verhältnis der Unmittelbarkeit zu Gott
steht. Damit trägt die Reformation zur Etablierung der Idee eines eigenver-
antwortlichen Subjekts in der Moderne bei bzw. vollzieht diesen Vorgang für
Kirche und Glauben.

Der zweite Weg war durch die Etablierung protestantischer Kirchen auf
deutschem Boden unmöglich geworden: In der Folge der Reformation
löste sich die Homogenität der religiösen Umwelt endgültig auf, ohne
dass die protestantischen Kirchen dies beabsichtigt hätten. Der Versuch,
eine solche Homogenität durch die westfälische Friedensformel am Ende
des 30-jährigen Krieges wenigstens regional wiederherzustellen, änderte
nichts an der Tatsache, dass die Mehrheit der Menschen auf dem Gebiet
des heutigen Deutschland unterschiedliche institutionelle Ausprägungen
von Religiosität im wahrsten Sinne des Wortes am eigenen Leib erfahren
hatte.

So standen (und stehen) die protestantischen Kirchen vor der Aufgabe,
Orte zu schaffen, an denen sich das in der Kindertaufe gesetzte Gottesver-
hältnis unter Anerkennung der in der Unmittelbarkeit zu Gott begründeten
Verantwortung des religiösen Subjekts ausprägen kann.

Die Konfirmation ist *ein* besonders hervorgehobener Ort, an dem sich protestantische Kirchen dieser Aufgabe stellen und sich die Bedingungen schaffen, die einer sinnvollen Bearbeitung dieser Aufgabe dienen. Zu diesen
Bedingungen gehört v.a. eine enge Verbindung von Konfirmation und Unterricht. Es darf nicht als historischer Zufall betrachtet werden, dass Unterricht und Konfirmation durch ihre gesamte Geschichte hindurch Hand in
Hand gegangen sind (was ja z.B. auf die römische Firmung nicht zutrifft).
Die Verbindung der beiden Größen war vielmehr protestantisches Programm
im Gefolge des Priestertums aller Getauften: Die Bildungsmaßnahme »Kirchlicher Unterricht« sollte die persönlich verantwortete Aneignung des in der
Taufe gesetzten Verhältnisses ermöglichen. So werden die Getauften in den
Katechismen in der bis dahin nicht selbstverständlichen Rolle von Lernen-
den gesehen, die nach dem Glauben fragen. Die »Prüfung« war der Ort der
Feststellung des Gelingens dieser persönlichen Aneignung, die Konfirmation der Ort ihrer *Darstellung.* Sie ist deshalb nicht einfach ein feierliches

»Anhängsel« an den Unterricht, sondern sozusagen sein öffentlicher *Kulminationspunkt.*

Das Konfirmationsbekenntnis

Seit ihrer Erfindung spielt das *Bekenntnis* der Konfirmandinnen und Konfirmanden in der Konfirmation eine deutlich herausgehobene Rolle. Liturgische Rahmungen – z.B. durch Fragen oder Erklärungen der Jugendlichen – sind ein Hinweis auf die besondere Bedeutung, die protestantische Kirchen dem Konfirmationsbekenntnis stets zugemessen haben. Ein anderer Hinweis darauf ist in der Tatsache zu sehen, dass bis in das 20. Jahrhundert hinein das Konfirmationsbekenntnis in vielen Regionen das einzige Glaubensbekenntnis war, das ein Christ bzw. eine Christin selbst im Rahmen eines Gottesdienstes sprach. Im regulären Sonntagsgottesdienst blieb das Sprechen des Bekenntnisses dem ordinierten Pfarrer vorbehalten.

Die besondere Bedeutung des Konfirmationsbekenntnisses resultiert daraus, dass sich in ihm die Verantwortung des religiösen Subjekts für die Gestaltung seiner Religiosität zu einer öffentlich wahrnehmbaren Gestalt verdichtet. Insofern erkennen die protestantischen Kirchen im Konfirmationsbekenntnis öffentlich an, dass der/die Einzelne für die spirituellen, individuellen und sozialen Ausprägungen seines/ihres Glaubens selbst zuständig ist. Als Resultat eines spezifischen Bildungsprozesses dient es der Darstellung der eigenen Religionsmündigkeit.

Ohne Frage hat es im Laufe der Geschichte auch Interpretationen der Funktion des Bekenntnisses im Rahmen der Konfirmation gegeben, die in ihm nicht eine Darstellung der eigenen Religionsmündigkeit gesehen haben. Unterrichtende, Gemeinden oder Kirchen haben unter anderem auf den stetig zunehmenden gesellschaftlichen Pluralisierungsdruck damit reagiert, das Konfirmationsbekenntnis als Instrument der möglichst nahtlosen Einpassung der Konfirmandinnen und Konfirmanden in das jeweilige gemeindlich-binnenkirchliche Glaubensverständnis zu verstehen. Umgekehrt haben sich viele Konfirmatoren und Konfirmatorinnen gegen einen solchen als repressiv empfundenen Gebrauch des Bekenntnisses abgegrenzt, indem sie die Konfirmation vor allem als Segensfeier entfalteten. Die Interpretationskategorie des Passageritus gab ihnen dafür wichtige theoretische Argumente an die Hand. Mit ihr kann die Konfirmation unter Einbeziehung der Perspektive der Jugendlichen und ihrer Familien wahrgenommen und gestaltet werden – nämlich als Lebensbegleitung. Darin liegt ein nicht aus dem Blick zu verlierender Gewinn für die Konfirmationstheologie.

Zugleich führte die Anwendung dieser Interpretationskategorie zur Etablierung einer problematischen Alternative: In der konfirmationstheologischen Diskussion entstand zumindest der Eindruck, als repräsentierten Segenshandlung und Bekenntnisfeier alternative Konfirmationsverständnisse, Kirchenverständnisse und Bilder von den Jugendlichen. Diese Alternative hätte um einer fruchtbareren Diskussion willen durch eine protestantische Kritik an dem hier als repressiv charakterisierten Gebrauch des Bekenntnisses überwunden werden können. Denn die theologische Alternative zu diesem Bekenntnisgebrauch lautet nicht Segenshandlung, sondern *»Bekenntnis als öffentliche Darstellung der Religionsmündigkeit«.*

Bekennen und Bekenntnis im gegenwärtigen gesellschaftlichen Zusammenhang

Im folgenden Abschnitt soll nun überprüft werden, ob das Verständnis des Konfirmationsbekenntnisses als Darstellung der Religionsmündigkeit auch außerhalb des Bezugssystems Kirche plausibel ist. Mit dieser Überprüfung wird der zu Beginn beschriebene Sachverhalt aufgenommen, dass die Konfirmation durch ihre gesamte Geschichte hindurch ihre Bedeutung in unterschiedlichen Bezugssystemen gewonnen hat.

Solange mehr oder weniger alle zur Konfirmation gehen, weil es Sitte und damit selbstverständlich ist, ist die Konfirmationsteilnahme ein gesellschaftlich unauffälliges Verhalten, das nur im Ausnahmefall begründungspflichtig wird. Symptomatisch für diese Situation ist zum Beispiel auch das geringe Interesse daran, nach der Bedeutung zu fragen, die die Konfirmation für die Jugendlichen hat.

Das ist in einem entkirchlichten Gesellschaftskontext anders. Hat die Konfirmation ihren Status als gesellschaftliche Sitte erst einmal verloren und ist zu (nur) einer Handlungsoption unter anderen geworden, sagt bereits die schlichte Wahl der Option »Konfirmation« etwas über die Wählenden aus. In einem entkirchlichten Kontext wird die Konfirmation zu einem gesellschaftlich auffälligen Verhalten, das grundsätzlich (also nicht unbedingt im Einzelfall) begründungspflichtig ist und mit Nachfragen und Legitimationsdruck rechnen muss. Durch diese Wahl werden Wählende auf einen Sachverhalt hin identifizierbar, der freilich durch die Wahl allein inhaltlich noch nicht klar bestimmt ist.

So gewinnt die Teilnahme an der Konfirmation in einer Säkulargesellschaft »konfessorischen« Charakter. Der Begriff »konfessorisch« bezieht sich nicht auf ein vorausgegangenes Bekehrungserlebnis, sondern sehr viel unspektakulärer auf die Tatsache, dass sich Menschen durch die wahrscheinlich sehr unterschiedlich begründete Wahl der Handlungsoption »Konfirmation« öffentlich in ein Verhältnis zu Religion, Christentum und Kirche setzen. In Westdeutschland ist die Teilnahme an der Konfirmation zurzeit noch kein im oben beschriebenen Sinn auffälliges Verhalten. In den östlichen Bundesländern liegt der Sachverhalt schon anders: Hier ist der Wahlcharakter der Konfirmation den Konfirmandinnen und Konfirmanden und ihrem gesellschaftlichen Umfeld bewusst.

In den kommenden Jahren ist unseres Erachtens zu erwarten, dass sich in den alten Bundesländern die Verhältnisse in diesem Bereich denen in den neuen Bundesländern angleichen. Der konfessorische Charakter der Teilnahme an der Konfirmation wird durch solche und ähnliche Entwicklungen auch in Westdeutschland in den nächsten Jahren steigen. So ist bereits jetzt z.B. in einigen Teilen des ehemaligen Westberlin zu beobachten, dass die selbstverständliche Teilnahme an der Konfirmation drastisch zurückgeht und stattdessen säkulare Jugendfeiern als Alternative angenommen werden.

Als Ergebnis dieses Abschnittes lässt sich festhalten: Die Entfaltung des Konfirmationsbekenntnisses im Sinne einer öffentlichen Darstellung der eigenen Religionsmündigkeit bietet Möglichkeiten, zentralen gesellschaftlichen Entwicklungen Rechnung zu tragen. Sie bietet Möglichkeiten, den religiösen Sinn dieser kirchlichen Handlung *gesellschaftlich* plausibel zu machen. Plausibilität auch für die Einführung des Begriffs der Mündigkeit in diesem Zusammenhang zu gewinnen, darum geht es im folgenden Abschnitt.

Mündigkeit – als Momentaufnahme dargestellt

In einer demokratischen Gesellschaft beschreibt der Begriff der *Mündigkeit* auf der einen Seite die *Selbstverpflichtung der Gesellschaft, alle Stimmen der für mündig erklärten Personen unterschiedslos im gesellschaftlichen Diskurs zu hören und zu erwägen.* Dieser Selbstverpflichtung der Gesellschaft korrespondiert auf der anderen Seite die *Verantwortung der für mündig erklärten Person für ihr Reden und Handeln gegenüber der Gesellschaft.* Wer jemanden für mündig erklärt, muss dessen Stimme auch hören. Wer sich für mündig erklären lässt, muss sich dann auch in der Gemeinschaft der Mündigen verantworten: Er bzw. sie muss Rede und Antwort stehen für sein bzw. ihr Reden und Handeln. In diesem Sinne ist Mündigkeit keine Leistung, Fähigkeit oder Persönlichkeitseigenschaft des/der Mündigen, sondern Ergebnis gesellschaftlicher Zuschreibung.

Die Zuschreibung der Mündigkeit setzt aufgrund gesellschaftlicher Vereinbarung allein die verantwortungsvolle Einübung in den spezifischen Gesellschaftsdiskurs voraus, ohne dabei bestimmte Mehrheitsmeinungen verpflichtend zu machen. In dieser prinzipiell offenen Diskurseinübung liegt die Leistung demokratischer Bildungssysteme.

Der Protestantismus kann die in diesem Mündigkeitsbegriff gefasste Gegenseitigkeit und Gleichheit theologisch interpretieren: zunächst allgemein durch den Schöpfungsgedanken, der jedem Menschen unterschiedslos eine unhintergehbare, weil nicht in seinen Fähigkeiten und Leistungen, sondern im Schöpfungsakt Gottes begründete Würde zueignet; sodann in Bezug auf die Kirche durch die Vorstellung des »neuen Seins in Christus«, welches dem Christenmenschen gleichfalls nicht aufgrund eigener Leistung, sondern durch Zusprechung zukommt. Der oben beschriebene Mündigkeitsbegriff lässt sich so als säkularisierte Form biblischer Gleichheits- und Gegenseitigkeitsvorstellung verstehen.

Was folgt daraus für das Verständnis des Konfirmationsbekenntnisses? *Religionsmündigkeit* beschreibt die *Selbstverpflichtung der Gemeinde, die Stimmen aller Konfirmierten in Sachen Religion unterschiedslos zu hören und zu erwägen.* Darüber hinaus bezeichnet der Begriff den Sachverhalt, *dass prinzipiell alle, die sich haben konfirmieren lassen, von der Gemeinschaft der Konfirmierten für ihr Reden und Handeln in Sachen Religion zur Verantwortung gezogen werden können.* Aufgrund kirchlicher Vereinbarung ist die verantwortungsvolle Einübung in den spezifisch christlichen Diskurs Voraussetzung für die Zuschreibung der Religionsmündigkeit im Akt der Konfirmation. Eine Verpflichtung auf bestimmte Mehrheitsmeinungen innerhalb dieses Diskurses darf Konfirmandenunterricht dagegen nicht intendieren.

Das Konfirmationsbekenntnis ist die Darstellung der Religionsmündigkeit zu einer bestimmten Zeit und an einem bestimmten Ort. Zu bekennen, was es mir bedeutet, in dieser Welt als Christ bzw. Christin zu leben, ist und bleibt notwendigerweise ein Prozess. Das unhintergehbare zeitliche Nacheinander von beziehungsrelevanten Erfahrungen führt unweigerlich zu Veränderungen in der Beziehung. Deshalb ist ein Glaubensbekenntnis angemessen nur dann verstanden, wenn es als *Momentaufnahme einer*

Beziehung angesehen wird. Auf diese Momentaufnahme hin darf der bzw. die Bekennende nur als Ausgangspunkt für weitere Entwicklungen angesprochen werden. Ihn oder sie ein für alle Mal darauf festzulegen, würde bedeuten, die im Bekenntnis zur Darstellung kommende Gottesbeziehung zum Tode zu verurteilen. Die Formel vom Konfirmationsbekenntnis als Darstellung der Religionsmündigkeit bedarf deshalb der Ergänzung. Unter Einbeziehung des letzten Gedankens muss sie vollständig lauten: Das Konfirmationsbekenntnis als *öffentliche Darstellung der Religionsmündigkeit in einer Momentaufnahme.*

»Ja, kann denn hier jeder glauben, was er will?« oder »Das musst du schon glauben!«

Bisher haben wir sehr formal argumentiert, um das Konfirmationsbekenntnis auf eine ganz bestimmte Weise in den Konfirmationsritus einbinden zu können. Diese formale Argumentation hat vielleicht den Eindruck hervorgerufen, wir wären der Ansicht, im Konfirmationsbekenntnis könne nun jeder und jede bekennen, was er oder sie will. Dieser Eindruck stimmt und stimmt auch wieder nicht:
Er stimmt, insofern Glaube – wie oben bereits beschrieben – protestantisch verstanden persönlich zu verantworten ist. Damit stehen auch inhaltliche Füllungen des Phänomens Glauben in der persönlichen Verantwortung der Person, die glaubt. Trotzdem ist es aber nicht als Ergebnis des hier vorgetragenen Bekenntnisverständnisses möglich, dass ein Konfi im Konfirmationsgottesdienst sagt: »Ich glaube an den großen Grumps!«
Diesen Satz kann er oder sie im KU selbst sagen und damit einen (vielleicht wichtigen) Lernprozess der Gruppe anstoßen. Im Konfirmationsgottesdienst hat er jedoch nicht seinen Ort: Denn hier gibt es die individuell nicht zur Disposition stehende Vereinbarung, dass zur Sprache gebracht wird, wie sich Menschen zur Wirklichkeit eines bestimmten Gottes, nämlich der des dreieinigen, stellen. Sein Name ist schließlich zu Beginn des Gottesdienstes an- und ausgerufen worden. Deshalb ist auch das persönliche Bekenntnis der Konfis auf diesen bestimmten Gott zu beziehen: Was von diesem Gott geglaubt wird, ist Gegenstand des Konfirmationsbekenntnisses. Und insofern kann hier zwar »jeder glauben, was er will«, aber trotzdem nicht einfach sagen, was er will: Denn das Gesagte muss sich auf diesen bestimmten Gott beziehen. Dabei gilt allerdings wiederum: Kein Konfi muss glauben, was die christliche Tradition von diesem bestimmten Gott sagt. Jeder und jede Konfi hat das (im Glaubensbegriff selbst

begründete) Recht, Nähen und Distanzen zu dieser Tradition zu benennen.

Ja müssen wir denn dann alle konfirmieren?

Mit dem letzten Gedanken stellt sich natürlich die Frage, ob denn ein Konfi konfirmiert werden kann, der größte Distanz zu diesem bestimmten Gott zum Ausdruck bringt. Diesen Sachverhalt möchten wir folgendermaßen entschlüsseln:
Nehmen wir einmal an, ein Konfi entscheidet sich dafür, seine gespürte Distanz zu diesem bestimmten Gott in einem Konfirmationsbekenntnis darzustellen. Dann hat dieser Konfi bereits konfirmiert: Er hat öffentlich dargestellt, wie er sich das Verhältnis von Wirklichkeit Gottes und Wirklichkeit der Welt vorstellt. Er hat damit der Gemeinde eine Aufforderung und eine Einladung zu einem Gespräch gegeben. Jetzt ist sie an der Reihe, diese Aufforderung und Einladung anzunehmen.
Bleibt noch die Frage nach dem Segen: Soll ein solcher Konfi gesegnet werden? Auch hier gilt unseres Erachtens: Entscheidet sich dieser Konfi dafür, sich trotz seiner verspürten und dargestellten Distanz unter den Segen Gottes zu stellen, dann kann die Kirche ihm diesen nicht verwehren. Denn Segen ist prinzipiell voraussetzungslos. Ob dieser Segen der Kirche für den Konfi auch tatsächlich zum Segen des dreieinigen Gottes wird, steht nicht mehr in ihrer Hand und ihrer Verantwortung.

Und wie wird all das konkret?

In der Themenerarbeitung zum Credo haben wir Ihnen eine Möglichkeit angeboten, wie Sie die Gestaltung von individuellen Bekenntnissen unterrichtlich inszenieren können. Wir schlagen Ihnen vor, die Ergebnisse dieser Erarbeitung je nach Gruppengröße in Gänze oder auch nur exemplarisch in den Konfirmationsgottesdienst aufzunehmen. Sollte (z.B. wegen der Gruppengröße) nur eine exemplarische Aufnahme möglich sein, sollten alle Ergebnisse auf einem Gottesdienstprogramm oder als Ausstellung im Gottesdienstraum präsent sein. Die exemplarische Auswahl müssen die Konfis natürlich selbst treffen: Sie entscheiden, wer mit welchen Worten für Ihre Gruppe sprechen darf.
Übrigens: Will ein Konfi tatsächlich seine große Distanz zum christlichen Glauben zum Ausdruck bringen, wäre es hilfreich, ihn oder sie zu bitten, einen Satz an sein bzw. ihr Bekenntnis anzufügen, der erklärt, warum er

oder sie sich trotzdem unter den Segen des dreieinigen Gottes stellen möchte. Weitere Anregungen zur Gestaltung des Konfirmationsgottesdienstes gibt es zuhauf in der Literatur. Besser können wir das auch nicht und wollen deshalb auch nur eine kleine Idee dazu beitragen: eine Konfirmationspredigt, die Sie auf der beiliegenden CD-ROM finden.

III. Jetzt wird's konkret – unsere Themen in der Konfirmandenarbeit

1. Das Jesus-Brett

»Jesus Christus« ist ein Standardthema im KU. Trotzdem haben wir bei der Erarbeitung dieses Themas in unserem KU oft das Gefühl gehabt, irgendwie im Trüben zu fischen. Obwohl kaum ein anderes Thema so häufig in KU und RU bearbeitet wird, bleibt Jesus von Nazaret für viele Konfis eine seltsam konturlose Figur, über die es wenig präzises Wissen gibt und zu der selten eine bedeutungsvolle Beziehung entwickelt wird. Nicht nur im Ruhrgebiet wissen manche Konfis nicht, dass Jesus und Mose keine Geschwister waren. Woran liegt das? Unseres Erachtens sind die Gründe für dieses Phänomen vielfältig. Uns scheint jedoch, dass uns in dieser Konturlosigkeit auch – um viele Ecken vermittelt – die langjährige exegetische Ratlosigkeit in Bezug auf diesen Jesus von Nazaret sowie folgenreiche theologische Differenzierungen, z.B. die zwischen dem historischen Jesus und dem Christus des Glaubens, begegnen. Nicht nur für Konfis ist Jesus wenig greifbar. Wir haben den Eindruck: Auch viele Lehrende wissen nicht so recht, was sie von ihm mit guten Gründen wissen, halten oder auch glauben können.

Viele Themenerarbeitungen versuchen die Konfis für Jesus zu begeistern, indem er als eine Art religiöser Heroe dargestellt wird (in einer Reihe mit anderen Jugendidolen, deren Namen man kaum nennen kann, weil sie so schnell wechseln): Sein Mut im Umgang mit Außenseitern und Außenseiterinnen trotz möglicher (religions-)politischer Sanktionen, sein Reden von der Zuwendung Gottes zu allen Menschen spielen bei diesem Zugang zum

Thema in aller Regel eine zentrale Rolle. Und natürlich ist eine solche Herangehensweise nicht falsch, verhandelt man dabei doch durchaus einen nicht unwesentlichen Teil von Jesu Botschaft und Leben. Aber trotzdem bleibt ein schaler Nachgeschmack: »Irgendwie« wird man dem Thema nicht gerecht, weil vieles andere dabei eben nicht vorkommt. Kreuz und Auferstehung z.B. lassen sich kaum in diese Jesulogie einbauen. Konfis können mit diesem Zugang Jesus als tollen Typen oder wichtigen Menschen – etwa in der Kategorie »Martin Luther King« oder »Mutter Teresa« – kennen lernen. Aber warum Christen und Christinnen sich von jeher zu ihm als dem »Herrn« bekannt haben, gewinnt so kaum Plausibilität.

Wie können wir das ändern?

Eins ist uns völlig klar: Unser erstes Interesse muss sein, die Konfis mit der Person Jesus von Nazaret, seinem Leben, Reden und Handeln vertraut zu machen. Wir können von Konfis nicht mit Recht erwarten, dass sie sich zu einer Person verhalten, ohne ein klares Bild von ihr zu haben. Aber es muss mehr geschehen: Es muss deutlich werden, dass *alles*, was Christen und Christinnen über Gott sagen, irgendwie mit dieser Person Jesus von Nazaret zu tun hat. Deshalb schlagen wir Ihnen in Bezug auf eine Einheit zum Thema »Jesus Christus« vor: Machen Sie's doch einfach *nicht*. Lassen Sie es sein! Ein wenig differenzierter gesagt: Es wird nicht angemessen gelingen, »Jesus Christus« als ein Thema neben anderen abzuhandeln. Denn wenn es stimmt, dass Jesus DER Bürge schlechthin für unser Reden von Gott ist, dann muss er *immer* dann auftauchen, wo von Gott die Rede ist: Beim Thema »Gottesbilder« genauso wie beim Thema »Tod«, bei den Themen »Beten« und »Schuld« genauso wie beim Thema »Theodizee« usw. Das alles sind eben auch originäre Christus-Themen.
Deshalb handeln wir Jesus nicht als ein Thema unter anderen in einer Unterrichtseinheit ab und legen es dann ad acta. Wir lassen vielmehr das Thema »Jesus Christus« den roten Faden sein, der sich während der kompletten Konfizeit durch das Arbeiten der Gruppe zieht. Und zwar als *Jesus-Brett*. Dabei handelt es sich um ein Brett, eine Stellwand oder auch eine Raumwand im KU-Raum, auf der alles, was im Laufe der Konfizeit an »Jesus-Produkten« entsteht, Platz findet. Wie das genau aussieht, beschreiben wir weiter unten. Durch das Jesus-Brett ist im Konfi-Raum immer präsent, was die Gruppe (oder auch mehrere Gruppen, s.u.) sich zum Thema erarbeitet hat.
Wir führen das Jesus-Brett ein, wenn das erste Produkt erstellt ist, in dem

eine Geschichte, ein Satz, historische oder theologische Aussagen usw. in Bezug auf Jesus vorkommen. Wir haben in diesem Buch überall die Hinweise auf das Jesus-Brett markiert.

Ein Beispiel:

Beim Thema »Gottesbilder« geht es um die vielen verschiedenen Erfahrungen, die Menschen in der Bibel und eben auch die Konfis mit Gott gemacht haben. Auch Jesus spricht in Bildern von Gott. Er nennt ihn z.b. seinen »Vater«. Hier können Sie anfangen, das Brett zu gestalten.

Im Laufe der beiden Jahre füllt sich das Brett mit vielen Informationen, Geschichten, Inhalten von und über Jesus. Es geht uns darum, Handeln und Leben Jesu im ganzen KU so zu profilieren, dass Jugendliche Stellung zu ihm beziehen können. Das gelingt, weil wir Jesus nicht von den anderen Themenbereichen abschneiden, sondern in allen Themenbereichen auf seine Rede von Gott, sein Handeln oder sein Geschick rekurrieren. So haben die Konfis vielfältige Gelegenheiten, Jesus als die Person wahrzunehmen, durch die Beziehungen zwischen Gott und Mensch differenziert beschrieben werden können.

Das Brett kann folgendermaßen aussehen

Wir erstellen eine Jesus-Umrissfigur. Dazu benötigen Sie eine/n Mitarbeiter/in. Diese Person legt sich dann auf ein großes Tuch (Sie können auch braune Paketstreifen verwenden).

Sie ziehen dann den Umriss dieser Person auf das Material. Das müssen Sie zweimal machen (für Vorder- und Rückseite). Fertig ist die Jesus-Umrissfigur.

Beschriften Sie dann folgende Körperteile
Augen-Ohren-Mund-Hände-Rücken-Füße.
Sie stehen für bestimmte Fragestellungen zur Person Jesu:
Augen: Wen hat Jesus gesehen? Wem ist er begegnet? Was hat er gesehen?
Ohren: Auf wen hat er gehört?
Mund: Das hat Jesus gesagt, erzählt.
Hände: Rechts: Wen hat Jesus berührt? Links: Was hat er getan?
Rücken: Das hat Jesus ertragen.
Füße: Dahin ist Jesus gegangen.

Die Umrissfigur wird dann an einer großen Spanplatte (das Brett) befestigt und im Konfi-Raum aufgehängt.

Im Laufe der Konfizeit können die Konfis diese Umrissfigur füllen: mit Karten, auf denen Sie ihnen wichtige Sätze notiert haben, mit Bildern, die die Konfis irgendwo gefunden haben, mit Produkt(teilen) aus Ihrem KU. Das Jesus-Brett wird von Katechumenen und von Konfis genutzt. Deshalb ist es wichtig, dass jede Gruppe eine eigene Farbe erhält, die ihre Beiträge zum Jesus-Brett kenntlich macht. Die Gruppen können so mitverfolgen, was die anderen Gruppen »so rausgefunden« haben.

Wenn die Umrissfigur zu klein werden sollte (das kann durchaus der Fall sein, wenn erst einmal alle Infos zusammenkommen), besteht auch die Möglichkeit, die einzelnen Körperteile getrennt aufzuhängen und sie erst am Ende zu einer Person zusammenzufügen. So gewinnt man viel Platz.

Zum Jesus-Brett gehören auch noch Fragezeichen. Dabei geht es um Folgendes:
Die Konfigruppen erhalten ein Kontingent von Fragezeichen. Sie können als Gruppe Fragezeichen auf Äußerungen, Beobachtungen, Kommentaren der jeweils anderen Konfigruppe setzen (pro Sitzung nur eines; sonst wird der Zeitaufwand zu hoch). Die mit einem Fragezeichen versehene Gruppe hat dann die Aufgabe, das nicht Verstandene der anderen Gruppe zu erläutern. Entweder kann ein Abgeordneter oder eine Abgeordnete in die andere Gruppe geschickt oder ein Brief/eine Mitteilung geschrieben werden. So können die unterschiedlichen Konfigruppen miteinander kommunizieren. Darüber hinaus ist auch Folgendes möglich: Andere Gemeindegruppen wie Frauenhilfe, Posaunenchor usw. können Fragezeichenkontingente bekommen und sich auch an der Kommunikation über die Person Jesus beteiligen. Dafür ist es natürlich erforderlich, das Jesus-Brett auch bei den anderen Gemeindegruppen einzuführen, auf jeden Fall bekannt zu machen.

Das können Sie mit dem Brett machen: Sie können es ...
1. als Thema ihres Vorstellungsgottesdienstes einbringen
2. mit ihren Konfis auswerten für ein zu erstellendes Konfirmationscredo: »Was ich von Jesus glaube ...«
3. in Teilen (jede Karte/jedes Produkt einzeln) unter der Überschrift »Was ich bei Jesus am wichtigsten finde ...« versteigern oder verkaufen. Dies können die Konfis auch mit echtem Geld tun und den Erlös als Konfigabe einem guten Zweck zuführen.

Probieren Sie doch das Jesus-Brett einmal aus. Wir sind sicher, dass es Ihnen helfen wird, die Person Jesus von Nazaret für die Konfis greifbarer werden zu lassen.

2. Gottesbilder: »Wie isser denn wirklich?«

Kein Bilderverbot!

Kennen Sie dieses Kinderlied noch: »Pass auf, kleines Auge, was du siehst, denn der Vater im Himmel schaut herab auf dich?«
Dieses Lied hat mein (Burkhardts) Bild von Gott in meiner Kindheit und während der Konfizeit entscheidend geprägt, und zwar in meiner Version: »... haut herab auf dich.«
Mein Gottesbild war geprägt von Furcht und Angst vor einem alles sehenden, alles wissenden, alles bestrafenden Gott.
Wie hilfreich wäre es für mich gewesen, mit anderen über die Erfahrungen in Austausch treten zu können, die sie mit Gott in unterschiedlichsten Lebenssituationen gemacht haben!

Zwei Jahrzehnte später gehen wir in unserer Themenerarbeitung von einer einfachen Annahme aus:
Menschen, ob sie nun an Gott glauben oder nicht, tragen eine Reihe von Bildern von Gott in sich. In diesen Bildern sind ihre Erfahrungen mit Religion, Glauben, Gott, Kirche usw. eingefangen. Zugleich steuern diese Bilder ihre Wahrnehmungen dieser Bereiche: Sie bilden die Vergleichspunkte, zu denen neue Erfahrungen in Bezug gesetzt werden. Darin liegt die Kraft und auch die Macht dieser Bilder – und zugleich auch der Grund für ihre Ambivalenz: Ohne Bilder von Gott können wir bestimmte Erfahrungen kaum als religiöse Erfahrungen deuten. Deshalb ist es gut, Gottesbilder im Kopf und im Herzen zu tragen.
Darum ist auch die Bibel voller Bilder von Gott: Gerade weil Gott nicht »einfach so« in unserer Wirklichkeit vorfindlich ist, sind wir auf Bilderrede angewiesen. Aber aufgrund unserer Gottesbilder deuten wir unter Umständen eben nur sehr bestimmte Erfahrungen als religiöse. Unsere Bilder legen Gott fest: »... haut auf dich herab!« Das Bilderverbot des Alten Testaments warnt deshalb vor einer Festlegung Gottes auf ein bestimmtes Bild. Das Bewusstsein für die Differenz zwischen unseren Gottesbildern und Gott

selbst erzeugt die Freiheit, Gott zu den unterschiedlichsten Lebenserfahrungen in eine konstruktive Beziehung zu setzen.
In unserer Themenerarbeitung heben wir die Gottesbilder der Konfis ins Bewusstsein und machen ihren Erfahrungsbezug deutlich. Durch ein kleines Spiel (welches – nebenbei gesagt – das Produkt dieser Einheit ist) helfen wir den Konfis, die Bedeutung der gerade genannten Differenz zu entdecken.
Das Ganze hat sich – in Ausschnitten dargestellt – in einer Gruppe so abgespielt (den detaillierten Verlauf finden Sie im nächsten Abschnitt!):

Schlaglichter aus der Themenerarbeitung

Wie denn anfangen ...
Über Gottesbilder zu reden, gehört nicht zum alltäglichen Gesprächsstoff. Es ist gut, den Konfis ein paar Anknüpfungspunkte zu bieten: Wir stellen also Guckkisten auf. Das sind offene Schuhkartons, um die wir Butterbrotpapier gewickelt haben. In die Stirnseite haben wir ein kleines Loch gebohrt (ca. 2 cm Durchmesser). Auf der gegenüberliegenden Seite steckt eine Karte mit einem der Bilder, die Sie auf der beiliegenden CD finden. Die Karten kann man rausziehen, dann lässt sich die Guckkiste noch für andere Aktionen verwenden.
Die Guckkisten stehen im Raum verteilt. Wir erklären den Konfis kurz, was wir von ihnen wollen (s. M1). Dann laufen sie los. Es dauert nicht lange, bis alle etwas auf ihrem Arbeitsblatt festgehalten haben.

Die Holzfliesen ...
»Holzfliesen?«, fragen Sie vielleicht, »was ist das? Und wozu?« Die Fliesen, die wir meinen, können Sie sich in jedem Baumarkt in der Holzabteilung zuschneiden lassen. Schauen Sie einfach nach, welches Holz gerade das billigste ist. Wir empfehlen Ihnen, einfache, mit weißem Kunststoff beschichtete Platten, die in der Regel um 8,50 €/qm kosten. Darauf kann man am besten malen – und zwar mit Wachsmalern, Eddings, Buntstiften. Zugleich sind sie dick genug, um auch kleine Nägel usw. hineinschlagen zu können. Lassen Sie sich Fliesen in Größen zwischen 20 x 20 bis 33 x 33 cm schneiden – und zwar ungefähr doppelt so viele, wie Sie Konfis in Ihrer Gruppe haben.
Was machen Sie mit den Fliesen? Geben Sie jedem/jeder Konfi eine Fliese in die Hand. Bitten Sie die Konfis, ihr gewähltes Gottesbild auf dieser Fliese darzustellen – durch Malen oder auch Basteln mit Holzstückchen, Streich-

hölzern, Teelichtern, Stofffetzen usw. Es gibt nur eine Bedingung: Die Darstellung darf nicht über den Rand der Fliesen hinausreichen. Sagen Sie den Konfis, dass sie ihre Fliese mit nach Hause nehmen können, nachdem sie – zusammen mit allen anderen – in der Kirche, im Gemeindehaus, in der Schule, in der Sparkasse, ... – ausgestellt worden ist (Stichwort: Öffentlichkeit ☺).

Warum wir mit den Fliesen arbeiten? Nun, einmal brauchen wir sie für unser Spiel. Dazu mehr weiter unten. Zum anderen werden Sie aber feststellen: Das Material lädt Konfis dazu ein, die Aufgabenstellung viel ernster zu nehmen, als wenn sie mit Papier arbeiten: Die Fliese ist Material für ein »echtes Kunstwerk«. Und irgendwie ist das allen klar.

... und was wir damit machen
Sind alle Fliesen gemalt oder gebastelt, bitten wir die Konfis, sich zwei bis drei PartnerInnen zu suchen. Mit diesen sitzen sie zusammen und überlegen: Welche Handlungen wären eigentlich typisch für den Gott, der zum Beispiel auf Hennings Fliese zu sehen ist? Sie sammeln so lange, bis sie vier »Tuwörter« gefunden haben, die Henning überzeugen. Sie halten je ein Wort mit einem Edding an einer Kante der Fliese fest. Dann kommt der oder die Nächste dran.

Sind alle Fliesen beschriftet (und sind noch weitere »gruppenfremde« Fliesen hergestellt worden – s. dazu den Verlaufsplan), kommt die Gruppe wieder im Plenum zusammen. Auf dem Boden im Plenumsraum liegt ein aus zwei Baulatten zusammengenagelter rechter Winkel. In diesen rechten Winkel legen die Konfis ihre Fliesen – vielleicht immer vier oder fünf in einer Reihe. Das sieht dann so aus:

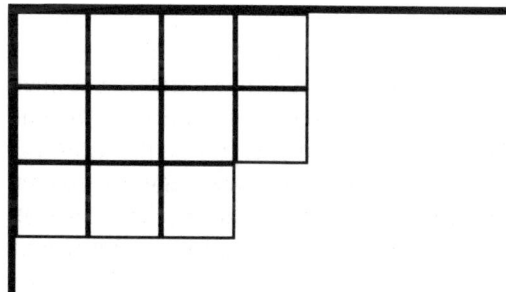

Liegen alle Fliesen im rechten Winkel, wird mit Hilfe einer weiteren Baulatte der Eindruck eines Rahmens erzeugt. Das sieht dann so aus:

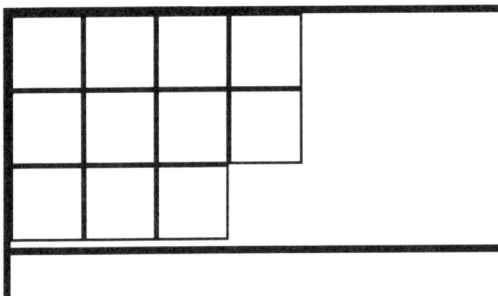

Wichtig ist, dass ein Platz freibleibt. Denn den brauchen wir für ...

... das Schiebespiel
Wir bringen eine Reihe von Geschichten mit in den KU, jeweils mit unterschiedlichem emotionalem Gehalt.
Beispiele:
1. Jens hat in der Mathearbeit eine Drei. Dadurch bleibt er nicht sitzen.
2. Carolin hat sich beim Reiten verletzt. Sie liegt mit einer Gehirnerschütterung im Krankenhaus.
3. Die Schwester von Maik heiratet am kommenden Samstag. Alle freuen sich auf eine Riesenparty.
4. Kristina ist traurig. Ihre Freundin Ann-Kathrin will mit ihr nichts mehr zu tun haben, weil sie mitbekommen hat, dass Kristina ein wichtiges Geheimnis ausgeplaudert hat.
5. Sie oder die Konfis haben bestimmt noch eigene konkrete »Geschichten aus dem Leben« im Kopf ...

Die Konfis überlegen nach jeder Geschichte: Wenn Kristina, Carolin, Maik oder Jens in ihrer jeweiligen Situation an Gott denken würden, das Gottesbild welcher Fliese würde für ihn oder sie an erster Stelle stehen? Wer eine Idee hat, schlägt eine bestimmte Fliese vor. Hat niemand eine bessere Idee, wird diese Fliese in den linken oberen Rand auf die »erste Stelle« *geschoben*. Bei jeder Geschichte werden unterschiedliche Bilder an die erste Stelle gerückt. Dabei ist uns eines besonders wichtig: Die anderen Bilder werden nicht beiseite geschoben oder gar weggelegt, sie werden lediglich von der ersten Stelle weggeschoben. Sie sind jedoch weiter da. Aber zuerst spielen wir das Schiebespiel mit den Konfis auf Zeit – als Wettspiel (s. Verlaufsplan).

»Ach so! Bloß nix festlegen!«
Am Ende legen wir mit einer weiteren, unbearbeiteten Fliese die freie Flä-
che zu und warten ab, was passiert.
Viktoria (13): »So einfach ist das?«
Genau. So einfach. Wir stellen fest: Wir müssen nichts mehr erklären. Es
fällt den Konfis wie Schuppen von den Augen.
Sobald die letzte Fliese den freien Platz bedeckt und die letzte Geschichte
vorgetragen ist, gibt es ein Aha-Erlebnis auf das andere:
»Ich würde das Bild mit ... auf den ersten Platz setzen.«
»Geht doch gar nicht mehr. Wir können nicht mehr schieben.«
»Stimmt. Jetzt ist Gott festgelegt.«
»Genau – und für Maik kann Gott nix bedeuten in seiner Situation. Also, die
Fliese muss weg!«
»Genau. Du sollst dir kein Bild von Gott machen. Wenn wir unsere Gottes-
bilder im Kopf nicht mehr schieben können, gibt es nur noch ein Bild.«
»Stimmt. Und dann ist Gott festgelegt – und wir irgendwie auch.«

In sämtlichen Gruppen, mit denen wir dies ausprobiert haben, gab es ähnliche Diskussionen. Ohne dass wir noch einmal eingreifen mussten. Aber
selbstverständlich können sie auch m02-Bilderverbot als Impuls in die Mitte
legen.
Dieses wird dann zusammen mit der letzten Fliese auf den Boden gelegt.

Verlaufsplan: Soundauchanders

Wann und wo	Was	Wie
Stuhlkreis 15 Minuten	**1. Öffnungsphase:** *Ihr seht im Raum verteilt eine Reihe von Guckkisten. Ihr habt folgende Aufgabe: Welches Bild hast du vor Augen, wenn du an Gott denkst, wenn du von ihm sprichst? Lass dir einen Moment Zeit, bis ein Bild in dir entsteht. Dann ist es Zeit, in die Guckkisten zu schauen und dein Bild mit denen, die dort drin sind, zu vergleichen. Wenn es dir schwer fällt, ein Bild von Gott so spontan in dir entstehen zu lassen, kannst du auch direkt mit den Guckkisten anfangen. Sie helfen dir, deinem Bild von Gott auf die Spur zu kommen.*	Guckkisten mit Gottesbildern (s. CD-ROM) im Raum verteilt. (Zur Anfertigung von Guckkisten lesen Sie bitte den Einführungstext zur Themenerarbeitung.) Arbeitsblatt m01 zur Strukturierung der Arbeit mit den Guckkisten an jede/n Konfi
Einzelarbeit 45-60 Minuten	**2. Die Holzfliesen** *Jede/r von euch bekommt jetzt eine Holzfliese. Eure Aufgabe ist es jetzt, die Bilder, die ihr jetzt von Gott im Kopf habt, sichtbar zu machen. Dazu braucht ihr diese Fliese. Ihr könnt sie bemalen mit einem Bild, ihr könnt sie bebauen, ihr könnt etwas darauf basteln. Eurer Fantasie sind keine Grenzen gesetzt. Es muss allerdings auf die Fliese passen. Das ist wichtig. Nichts darf über die Ränder der Fliese hinausgehen. Die Konfis arbeiten an ihren Holzfliesen in Einzelarbeit. Wenn alle fertig sind, kann es weitergehen. ...*	Holzfliesen (aus dem Baumarkt, dort zugeschnitten auf eine Größe zwischen 20 und 33 cm Kantenlänge, weiß beschichtet ca. 8,00 €/qm) für jede/n Konfi eine (auch zu den Holzfliesen haben wir einiges im Einführungstext gesagt). Alles Mögliche Kreativzeugs (Knete, Stifte, Wasserfarben, Stoff- und Wollreste, Nägel, Holzreste vom Baumarkt, ... und was Sie sonst so alles zum Basteln auf Ihrem Dachboden, in Ihrem Keller oder sonst wo finden. Übrigens: Die Wertstoffsammlung Ihrer Stadt ist auch eine gute Bezugsquelle für Bastelmaterial.)
Kleingruppenarbeit 20 Minuten	**3. Sammelphase** *Sucht euch zwei bis drei Personen, mit denen ihr jetzt gern weiterarbeiten wollt. Sucht euch dann einen Platz, an dem ihr ungestört seid. Schaut euch in Ruhe eure fertigen Fliesen an. Entscheidet, mit welcher Fliese ihr beginnen wollt. Versucht die Frage zu beantworten: »Was tut dieser Gott?« Das Arbeitsblatt kann euch dabei helfen, passende Begriffe zu finden. Ihr könnt aber ruhig auch andere wählen. Wenn ihr passende gefunden habt, schreibt diese dann auf den Rand der betreffenden Fliese. So verfahrt ihr dann auch mit den anderen Fliesen. Wenn ihr fertig seid, habt ihr eine Pause verdient.*	Arbeitsblatt m03 mit verschiedenen Verben
15 Minuten	Pause	

Kleingruppenarbeit 4 Gruppen 60 Minuten	**4. Welche Gottesbilder gibt es noch?** *Wir wollen euch auf die Spur von anderen Gottesbildern setzen.* 1. Gruppe: Geht zum Bahnhof (Dorfplatz, Aldi usw.; jedenfalls dahin, wo viel los ist). Befragt Leute nach ihrem Bild von Gott. Ihr könnt so fragen: Welches Bild haben Sie vor Augen, wenn Sie an Gott denken? Oder: Bitte vervollständigen Sie den Satz: Gott ist für mich wie.... Kommt dann wieder zurück und bearbeitet eine weitere Fliese mit diesen Bildern. 2. Gruppe: Ihr bekommt den Text von Psalm 23. Unterstreicht in eurem Text die Worte, die Begriffe, die Sätze, in denen bestimmte Gottesbilder zum Ausdruck kommen. Sprecht anschließend darüber und entscheidet, wie ihr die Gottesbilder des Psalm 23 auf einer Fliese darstellen könnt. 3. Gruppe: Ihr bekommt zwei Textstellen, in denen Jesus beschreibt, welches Bild von Gott er hatte. Sucht diese Bilder heraus und sprecht darüber. Daraus entsteht dann noch eine Fliese. Achtung: Ihr habt auch die Aufgabe, den anderen einen Vorschlag für das Jesus-Brett zu machen. 4. Gruppe: Wir bieten euch zwei Lieder an, in denen es um Bilder von Gott geht. Hört sie euch gut an. Wie, in welcher Weise wird hier von Gott gesungen? Welche Bilder werden dargestellt? Baut dazu eine weitere Fliese.	1. Gruppe: Zettel und Stifte 2. Gruppe: Bibel, Stifte 3. Gruppe: Bibeltexte: Lk 11,15ff. (Der verlorene Sohn); Mt 25,14-30 (Gleichnis von dem anvertrauten Geld) 4. Gruppe: • »Nicht von dieser Welt« Xavier Naidoo • »Paradies« Die Toten Hosen
Stuhlkreis 25 Minuten	**5. Klärungsphase** Die Gruppe hat einen Holzrahmen, in den sie ihre Fliesen hineinlegen. Wichtig: Ein Platz bleibt frei. • Schiebespiel: Wir heften auf jede Fliese eine Nummer und legen sie unnummeriert querbeet in unserem Rahmen aus. Auf unser Kommando versuchen die Gruppen, sie durch Verschieben (jede/r Konfi abwechselnd immer nur eine Fliese, nur einen Platz) in die richtige Reihenfolge zu schieben. • Wir erzählen »Geschichten aus dem Leben« (einige Ideen zu Geschichten finden Sie im Einführungstext): *Bitte überlegt, welches Gottesbild von welcher Fliese in dieser Geschichte besonders hilfreich ist. Wenn ihr euch als Gruppe einig seid, dann schiebt diese Fliese auf Platz 1.* Nach einer Weile (je nach vorhandener Zeit) legen wir eine Holzfliese auf den freien Platz: Wir warten Spontanreaktionen der Konfis ab. Anschließend führen wir ein Gespräch über die Funktion des freien Platzes (s. dazu den Einführungstext). Zur Veranschaulichung können wir ein Plakat hinzulegen: »Du sollst dir kein Bild machen!«	Rechter Winkel aus 2 Baulatten, zusammengenagelt mit einem Winkelhaken, eine dritte Baulatte für eine dritte Seite, sobald alle Fliesen im rechten Winkel untergebracht sind. Es entsteht der Eindruck eines Rahmens (s. dazu auch die Skizze im Einführungstext!).
5 Minuten	Ergebnis sichern für das **Jesus-Brett**	m02

3. Die Gottsucherexpedition

Die Frage

Wir fragen unsere Konfis: »Was müsste passieren, damit ihr ohne Zweifel an Gott glauben könnt? Fast alle antworten ungefähr so: »Na ja, irgend so ein Naturereignis, ein Blitz oder so, aus dem dann eine Stimme spricht: Ich bin es, Gott. Dann könnte ich an ihn glauben.«

Konfis hören die Frage nach der Wirklichkeit Gottes auf dem »Gibt-es-dafür-einen-Beweis-Ohr«. Zugleich haben sie aber auch eine Ahnung davon, dass ihnen niemand einen solchen Beweis liefern kann – und trotz dieser Ahnung ist die Gottesfrage für sie nicht erledigt.

In der Bibel ist diese nicht nur Konfis eigene Ahnung in der Vorstellung eingefangen, dass allein Gott bestimmen kann, wie, wo und wann er sich finden lassen will. Jeremia bringt es auf den Punkt: »Wenn ihr mich von ganzem Herzen suchen werdet« – dann werdet nicht ihr mich finden, sondern »dann will ich mich von euch finden lassen.« Gottessuche ist durch Erfolg gekrönt, wenn und weil Gott selbst aktiv wird.

Unsere Gottsucherexpedition arbeitet im Spannungsfeld zwischen dem »Gibt-es-dafür-einen-Beweis-Ohr« und der im Gottesbegriff selbst begründeten Ahnung, dass es einen solchen Beweis nicht geben kann. Möchten Sie sich mit Ihren Konfis auf diese Expedition begeben, empfehlen wir Ihnen ein kurzes Gedankenexperiment, das Sie auf den Weg mitnimmt, den wir – ein wenig verändert – auch mit unseren Konfis gegangen sind:

a) Fangen Sie noch einmal bei den obigen Überlegungen an. Wir vermuten, dass Sie auf die Frage »Gibt es Gott?« in irgendeiner Weise »Ja!« antworten. Vielleicht sagen Sie »Ich bin davon überzeugt!« – oder »Ich vertraue darauf!« – oder »Ich glaube daran!« – lauter Formen von »Ja!«. Wir bitten Sie, sozusagen einen Schritt von Ihrer Antwort zurückzutreten und sie aus einer angenehmen Distanz zu betrachten. Wie eindeutig ist eigentlich Ihre Antwort? Wir nehmen an: Aus der Distanz müssen Sie – wie wir auch – zugeben: Eindeutig sind Ihre und unsere Antworten nicht. Ob es Gott wirklich gibt, ob Gott wirklich das ist, was Sie mit diesem

Wort bezeichnen, entzieht sich jeder Eindeutigkeit. Antworten auf die Frage nach der Wirklichkeit Gottes bleiben in vielfacher Hinsicht mehrdeutig. Und – davon sind wir überzeugt – das zu wissen, ist in dieser Welt eigentlich auch ganz gut so.

Jetzt kommt der zweite Schritt in unserem Gedankenexperiment:

b) Welche Fragen sind für Sie und für Ihr Leben von entscheidender Bedeutung? Sind das eher Fragen, auf die Sie eher eindeutige Antworten erhalten, oder eher Fragen, die eine mehrdeutige Antwort provozieren? Zu abstrakt? Okay, ein Beispiel:

• Liebt Sie Ihr Partner oder Ihre Partnerin wirklich? Sind Sie sich ganz sicher?

Wir vermuten, dass es auch bei dieser Frage keine Eindeutigkeit in dem Sinn gibt, dass Sie einen Beweis gegenüber anderen antreten könnten. Und doch ist eine zufrieden stellende Antwort für ihr Leben ungeheuer bedeutsam. Nächste Frage:

• Werden Sie in naher Zukunft ein neues Auto finanzieren können? Diese Frage ist ungleich leichter zu beantworten, reicht dafür doch ein Blick auf ihr Bankkonto oder Ihren Gehaltsauszug in der Regel aus. Auf eine solche Frage eine eindeutige Antwort zu finden, die z.B. gegenüber einem Kreditgeber beweisbar ist, ist zwar relativ problemlos, aber – so hoffen wir zumindest – auch deutlich weniger bedeutsam für ihr Leben.

Was soll dieses Experiment?
Wir behaupten, dass das Verhältnis von Eindeutigkeit und Mehrdeutigkeit einerseits und hoher und niedriger Bedeutsamkeit andererseits in vielen Fällen so verteilt ist wie in unseren Beispielen.

Warum ist das so?
Alle Fragen auf der Ebene von Beziehung provozieren mehrdeutige Antworten. Denn wir haben schließlich unser Gegenüber nicht wie einen Gegenstand in der Hand, den wir analysieren, katalogisieren und einordnen können. Ambivalenz, Zwiespältigkeit und Vieldeutigkeit bleiben wesentliche Kennzeichen der Beziehungen, in denen wir stehen. Trotzdem sind Beziehungsfragen für unser Leben von hoher Bedeutung. Denn in unseren Beziehungen entscheidet sich, wer wir eigentlich sind.

Die Frage nach Gott kann nur zwiespältige, vieldeutige Antworten produzieren, weil diese Antworten – zumindest aus der Perspektive der Antwortenden – auf eine lebendige Beziehungsgröße rekurrieren. Aber wie bei allen anderen Beziehungsfragen spricht diese zwiespältige Vieldeutigkeit in keiner Weise gegen die Bedeutsamkeit der jeweiligen Antwort auf die Frage.

Nun, wie kriegen wir diesen doch ziemlich anspruchsvollen Gedankengang so inszeniert, dass sich Konfis ihn zu Eigen machen können? Wir haben es folgendermaßen versucht (und damit in vielen, wenn auch nicht in allen Gruppen gute Erfahrungen gemacht):

Gibt es außerirdisches Leben?

Wir geben vier Fragen vor, auf die die Konfis möglichst zufrieden stellende Antworten finden sollen. Sie schließen sich zu kleineren Expeditionseinheiten zusammen und führen die Aufgabe auch durch. Sie ziehen los und befragen Leute oder surfen im Internet nach Antworten auf ihre Fragen. Dafür brauchen wir Zeit: mindestens 1-2 Stunden. Wenn wir sie erst einmal auf die Fährte gesetzt haben, gibt es kein Halten mehr. (Wem das zu aufwändig ist, dem schlagen wir später noch eine Trockenvariante vor. Ein bisschen Geduld noch. Danke!)

Folgende Fragen schlagen wir vor:
a) Gibt es in unserer Stadt/unserem Dorf jemanden, der am 24.12. geboren wurde?
Die Antwort, die die Konfis bekommen werden, ist entweder eindeutig ja oder eindeutig nein. Wichtig: Sie müssen es selber herausfinden (mit eigenen Augen sehen!).
Diese Frage läuft auf eine eindeutige, beweisbare Antwort hinaus. Wir fragen die Konfis danach, was sie getan haben, um ihre Antwort zu finden. Bei dieser Frage werden vor allem Verben wie *sehen, beweisen, ...* eine Rolle spielen (mehr zu den Verben auf der nächsten Seite).
b) Gibt es in sechs Wochen in ... Regen?
Auch hier gilt: Sie müssen es selber herausfinden. Einen Meteorologen zu fragen reicht nicht aus. Sie können sich telefonisch, im Internet oder sonst wo Tipps holen, die sie auf die Fährte bringen. Aber sie müssen erklären können, warum sie sich für eine bestimmte Antwort entschieden haben.
Hier ist eine Eindeutigkeit in der Antwort nicht möglich. Voraussichtlich werden am Ende Verben stehen wie *beobachten, vergleichen, berechnen, abwarten.*
c) Gibt es außerirdisches Leben?
Auch hier ist wieder das Internet gefragt. Genauso gut können Menschen

auf der Straße interviewt werden, eine kleine Statistik kann erstellt werden. Vielleicht gibt es ja im Dorf/in der Stadt jemanden, der sich in diesen Fragen besonders gut auskennt.
Hier ist Eindeutigkeit in der Antwort natürlich völlig ausgeschlossen (oder? ☺). Hier bewegen sich die Verben, die wir erfragen, zwischen *spekulieren, vermuten und glauben.*
d) Gibt es Liebe?
Natürlich sagen die meisten Konfis auf den ersten Blick ja. Aber wie kann man eine Antwort selber herausfinden? Indem sie z.b. Liebespärchen befragen, ihre Eltern, ihre Lehrer usw. Indem sie ihre eigenen Erfahrungen befragen.
Die Antwort wird mehrdeutig sein. Verben wie *erleben, erfahren, glauben,* sind hier im Vordergrund.
Wenn alle Konfis wieder da sind, gibt es am besten eine Stärkung: Essen und Trinken hält Leib und Seele zusammen. Das Ganze ist ja harte Arbeit. Außerdem sollen wir als Leitung ja auch etwas zu tun haben.

Die Trockenvariante (– von der wir allerdings abraten; sie ist für die Konfis langweilig!):
Sie können dies alles natürlich auch in Ihrem Gruppenraum spielen. Sie schicken dann Ihre Expeditionsteams gedanklich auf die Reise. Die müssen dann alle Schritte, die sie unternehmen *würden,* je auf eine Karte schreiben. Dann können sie danach auch ihre Verben zuordnen. Wichtig: Ergebnisse der Gruppe präsentieren!!!!

Das kleine Aha-Erlebnis

Nach der Pause geht es weiter.
In den vier Ecken unseres Gruppenraums hängen die vier Fragen, zu denen sich die einzelnen Teams hinorientieren.
Wir bieten ihnen dann eine Reihe von Verben an mit der Aufgabe, ihre Arbeitsschritte, ihre Art der Expedition mit diesen Verben zu beschreiben. Dieser Schritt ist enorm wichtig. Denn die vier Fragen, denen sie nachgegangen sind, entsprechen in der Art der Antwortsuche genau den Kategorien, mit denen sie ihre Welt erleben: sehen – beweisen – beobachten – vermuten – spekulieren – glauben – erfahren – erleben. Wenn die Konfis Verben für ihre Aufgabe gefunden haben, fordern wir sie auf, alles beiseite zu legen, was von ihrer kleinen Expedition da ist, und nur die Verbenkarten, die übrig geblieben sind, unter ihre Frage an die Wand zu heften.

Kleben in jeder Ecke Verben unter den Fragen, machen wir den nächsten Schritt. Wir spielen ein Viereckenspiel in mehreren Durchläufen. Zuerst fragen wir, in welcher Ecke sich am ehesten ein eindeutiges Ergebnis einstellt. Die meisten werden sich in die Ecke der »Heiligabendgeburten« begeben. Ein paar stehen auch in der »Regen-Ecke«. Entführungsopfer positionieren sich bei den Aliens ...

Dasselbe wiederholen wir mit der »mehrdeutigen« Fragerichtung. Hier werden sich die meisten zur »Liebe-Fraktion« stellen, einige (v.a. Jungs) aber auch für das »außerirdische Leben« entscheiden.

Die nächste Frage gilt der Bedeutsamkeit: »Welche Art der Fragen ist für euch und für euer Leben eher unbedeutend?« Hier eine Tendenz zu vermuten fällt schwer. Bei uns standen die meisten in der Geburtstagsecke, nur einige in der Regenecke. Auf jeden Fall fragen wir nach: »Warum habt ihr euch hierhin gestellt?« Und reichen ein (nicht angeschlossenes) Mikro herum, um das Antworten zu erleichtern.

Wir wiederholen das Ganze mit der nächsten Frage: »Was ist für euch, für euer Leben eher bedeutsam?« Fast alle Mädchen und die Mehrheit der Jungs steht in der Liebes-Ecke. Einige wenige stehen bei den Aliens. Und auch hier ist es wichtig, nachzufragen, Meinungen einzuholen – natürlich auch von denen , die nicht in der Liebes-Ecke stehen!

Jetzt ist es Zeit, ein wenig zu provozieren (und auch das Setting zu wechseln: Hinsetzen im Raum ist angesagt – am besten im Kreis, ein Gesprächsstein oder –ball kann jetzt helfen): »Ich verstehe euch nicht: Vorhin habt ihr gesagt: bei der Liebe gibt's am wenigsten Eindeutigkeit. Und jetzt sagt ihr: Die Liebes-Ecke ist am bedeutsamsten! Wie passt das zusammen?«

Die Konfis fassen das Verhältnis von Eindeutigkeit und Bedeutsamkeit in ihre eigenen Worte: »Wenn mein Freund mich liebt, kann ich dir das nicht beweisen. Trotzdem ist das total wichtig für mich!« Wir hören gut zu, fragen nach, lassen das Gespräch laufen.

Dann geben wir noch einen weiteren Impuls. Wir legen ein Plakat in die Mitte: »Gibt es Gott?« steht darauf. Welche Ecke passt zu dieser Frage? Niemand – zumindest so gut wie niemand – steht in den »Eindeutigkeitsecken«. Die meisten zeigen auf oder stehen in der Liebes-Ecke. Aber alle haben begriffen: Die Sache mit Gott ist nicht eindeutig, aber das ändert nichts an ihrer Bedeutsamkeit. Einen Gottes-Beweis kann niemand antreten, aber darstellen, wie Gott gefunden und erfahren werden könnte, das können wir trotzdem.

Und genau dies tun wir im nächsten Schritt. Wir machen uns an die »Expeditionsplanung«. Wir suchen nach Erfahrungen, Beobachtungen und Erlebnissen, welche die Wirklichkeit Gottes »irgendwie« für uns spürbar machen – auch wenn sie mehrdeutig bleiben. Also: »Jenny kann das auch ganz anders sehen als ich!« Und das ist auch gut so.

Die Guckkisten

Um die Guckkisten herzustellen, müssen Sie einfach nur in einen Schuhladen gehen und nach ausrangierten Schuhkartons fragen (vorher anrufen und bestellen ist hilfreich!). Wie das geht, können Sie bei der Themenerarbeitung »Gottesbilder« nachlesen.
Den Konfis macht es Spaß, in jeden Kasten hineinzusehen, das Ergebnis im Expeditionsheft festzuhalten, mit anderen zu vergleichen, sich für eines zu entscheiden. Viele durchlaufen die einzelnen Stationen mehrmals, gucken sich zwei-, drei-, viermal die Bilder an.
Wem die Kisten zu aufwändig sind, bieten wir eine *schnellere Variante* an: Die Bilder müssen auf DIN-A5-Größe ausgedruckt und auf einen Tisch geklebt werden. Dann wird ein leeres DIN-A4-Blatt (unteren Rand als Griff nach oben knicken) wie ein Vorhang davor geklebt (Tesakreppstreifen am oberen Rand), sodass durch Anheben dieses Blattes das Bild dahinter sichtbar, aber nach Betrachtung wieder verdeckt wird.

Am Ende haben die Konfis ein voll geschriebenes Expeditionsheft.
In einem letzten Schritt bitten wir die Konfis, aus den Begriffen, die sie jetzt ausgewählt haben, ein Wortbild zu entwerfen, auf dem durch Größe, Grad der Buntheit oder anderes sichtbar wird, welcher Begriff für sie am Erfolg versprechendsten ist in der Suche nach Gott und welcher von diesen fünf für sie am wenigsten Erfolg verspricht.
Wichtig: In Zweier- oder Dreierteams erzählen sie sich hinterher ihre Bilder, ihre Ergebnisse. Es ist wichtig, dass sie die Erfahrung von Mehrdeutigkeit machen. Jedes Bild ist anders, mit anderer Schwerpunktsetzung. Eben weil die Erfahrungen der Wirklichkeit Gottes je unterschiedlich sind. Denn es geht schließlich um die Beziehung zwischen dem lebendigen Gott und dem lebendigen Konfi. Und die ist immer mehrdeutig.

Die letzte Frage

Am Anfang haben wir nach dem Gehalt des Satzes aus Jeremia 29 gefragt. Am Ende legen wir diesen Text aus und bitten die Konfis, sich dazu zu verhalten. Wenn es gelingt, bei den Konfis eine Suchhaltung zu entwickeln, haben wir viel erreicht.

Noch ein Tipp
Diese Einheit ist ziemlich anspruchsvoll. Trauen Sie Ihren Konfis diese zwei Schritte zu? In unserem KU sind wir mit dieser Einheit auch mal auf die Nase gefallen. Auf der anderen Seite: Hat sie funktioniert, haben die Konfis und unsere weitere Arbeit ungeheuer stark von ihr profitiert. Deshalb raten wir Ihnen zu Mut zum Experiment. Kündigen Sie doch Ihren Konfis einfach an, dass Sie mal ein neues KU-Buch auf seine Tauglichkeit testen wollen, und bitten Sie die Konfis um ein Feed-back. Das entlastet Sie (und macht uns zu den Buhmännern ☺).

Auf alle Fälle sollten Sie die Erarbeitung dieses Themas erst im zweiten Jahr machen. Nicht die Expedition selbst ist kompliziert. Das Herausfinden, Suchen usw. macht wirklich Spaß. Die Auswertung jedoch nach den Kategorien eindeutig-mehrdeutig-bedeutsam erfordert durchaus eine für Konfis ansehnliche Denkleistung. Bei den »Guckkisten« überwiegt dann wieder der Spaß ...

Verlaufsplan: Soundauchanders

Wann und wo	Was	Wie
Stuhlkreis 10 Minuten	I. Gibt es Gott? 1. Einstimmung: Wir legen das Plakat mit Jer 29,5 in die Mitte. *Was müsste geschehen, damit ihr Gott finden könntet in unserer Welt?* *Wie müsste Gott sichtbar werden, damit er von euch tatsächlich gefunden werden kann?* Spontanreaktionen? *Wir planen heute zusammen eine Expedition, wie wir Gott finden könnten.*	m01
Teamarbeit 120 Minuten	2. Die Fragen Schilder in vier Ecker verteilen. Von Konfis vorlesen lassen. Bitte, sich hinzustellen. *Geht bitte jetzt in die Ecke mit der Frage, die bei euch das größte Interesse hervorruft.* Wenn alle Konfis eine Ecke gefunden haben, geht es weiter: *Eure Aufgabe ist es jetzt, im Team eine zufrieden stellende Antwort auf eure Frage zu finden. Wen könnt ihr befragen, wen ansprechen und interviewen? Vielleicht müsst ihr eine Umfrage planen und durchführen, vielleicht müsst ihr euch auf den Weg in die Stadt/ ins Dorf machen. Vielleicht findet ihr auch wichtige Informationen im Internet.* *Alles das ist möglich. Überlegt vorher genau, was ihr tun müsst. Wichtig: Ihr müsst genau beschreiben, wie ihr oder ein anderer, den ihr gefragt habt, zu seiner oder ihrer Antwort gekommen ist! Wenn ihr in der Regenfragenecke also z.B. beim Wetterdienst anruft, reicht es nicht, zu sagen: Ja, morgen gibt's Regen. Der Wetterdienst hat das gesagt. Ihr müsst beschreiben, wie der Wetterdienst zu dieser Meinung gekommen ist. Was haben die gemacht, um zu dieser Antwort zu kommen?* *Viel Spaß.* Zeitansage und organisatorische Absprachen nicht vergessen! Dann gehen die Konfis los und arbeiten an ihrer Frage.	In den vier Ecken des Raumes hängen Plakate mit den vier Fragen (m02): Computer mit Internetzugang
15 Minuten	Pause mit Getränken und Snacks	
Stuhlkreis 25 Minuten	3. Auswertung o Jede Gruppe kann ihre Antwort präsentieren. Sie beschreibt, was sie unternommen hat, um diese Antwort zu finden. An diese Beschreibung knüpft der folgende Arbeitsauftrag an: • *Haltet alle Schritte, die ihr unternommen und gerade beschrieben habt, auf den weißen Karten in eurer Ecke fest. Bestimmt eine/n, der/die alles mitschreibt. Schreibt immer nur ein Verb, ein Tuwort auf eine Karte.* • Konfis sammeln Wörter auf weißen Karten. Wenn alle Gruppen fertig sind, kann es weitergehen:	Arbeitsblatt m03 als DIN-A3-Zettel (vierfach für jede Ecke). Eddings und Stifte Weiße Karten Klebeband

Wann und wo	Was	Wie
	• Geht jetzt bitte zu der Station, die zu eurer Linken ist. Wir rutschen alle eine Ecke weiter. Schaut euch die Karten, die dort liegen, genau an. • Jetzt M3 in jede Ecke geben. • Findet auf diesem Plakat zwei Wörter, die das am ehesten beschreiben, was die Gruppe unternehmen musste, um eine Antwort auf ihre Frage zu finden. Schneidet sie aus und klebt dann die ausgeschnitten Stücke als Überschrift über die weißen Karten in der Ecke, in der ihr jetzt seid.	
Stuhlkreis 15 Minuten	4. Vertiefung: Seht euch jetzt in Ruhe die Ergebnisse an, die in den einzelnen Gruppen entstanden sind. Wir stellen euch jetzt vier Fragen. Wir bitten euch, zu jeder Frage Stellung zu nehmen. Das dauert ein bisschen. Es kann nur funktionieren, wenn ihr mitmacht. Darum bitten wir euch. Denn es ist uns sehr wichtig, mit euch über das zu reden, was jetzt kommt. Wer keine Lust mehr hat, kann aussteigen und sich an den Rand setzen. Wichtig ist nur, dass ihr dann die anderen in Ruhe weiter nachdenken lasst. Denn Nachdenken müssen wir ziemlich genau bei dem, was jetzt kommt. Alles klar? Dann los! Ach ja – Eines ist noch ganz wichtig: In den nächsten 15 Minuten gibt es kein Richtig, kein Falsch. Nacheinander stellen wir folgende Fragen: – Bei welchen Fragen kommt es eurer Meinung nach am ehesten zu einer eindeutigen Antwort? (Plakat mit »eindeutig« in die Mitte, usw.) – ... am ehesten zu einer mehrdeutigen ... – Bei welchen Begriffen, bei welchen Verben würdet ihr sagen: Solche sind für mein Leben eher unbedeutend? – ... eher bedeutsam ... Hier wird sich – nach der Erfahrung in unseren Gruppen – der »Widerspruch« zwischen Mehrdeutigkeit und Bedeutsamkeit ergeben. Bitte formulieren Sie diesen »Widerspruch« und bitten Sie die Konfis, dazu Stellung zu nehmen. Sie können einen Redeball benutzen, um Konfis konkret abzufragen (Wer den Ball hat, kann reden. Man kann sich um den Ball bewerben oder ihn gezielt zuwerfen.) Bevor sich das Gespräch totläuft, legen wir ein letztes Plakat in die Mitte: • »Gibt es Gott?« Wir bitten die Konfis, sich bei dieser Frage in eine der Ecken zuzuordnen: »Bei dieser Frage ist es am ehesten wie ...«	Musik im Hintergrund Plakate m04 Plakate m05
5 Minuten	Kurzes abschließendes Gruppengespräch. Impuls für Gesprächsrunde: Wie bringt ihr zusammen, dass die Frage nach Gott und die eher	

10 Minuten	*mehrdeutigen Fragen zusammenhängen? Wie ist das mit den bedeutsamen Fragen?* Formulieren Sie selbst noch einmal Ihr Fazit: »*Auch ich kann euch keine eindeutige Antwort auf die Frage geben, ob es Gott gibt. Ich weiß es nämlich auch nicht. Aber trotzdem ist Gott für mich sehr wichtig. Ich vertraue auf ihn, so wie ihr oder ich darauf vertrauen, dass uns jemand liebt.*«	
	Pause	Guckkisten (m06) auf Tischen im Raum verteilt (Wie Sie die herstellen können, beschreiben wir im Einführungstext).
Stuhlkreis/ PartnerInnen- arbeit	**II. Die Gottsucherexpedition** *O.k. – niemand von uns wird eine eindeutige Antwort darauf finden, ob es Gott gibt. Aber wenn ihr versuchen würdet, ihn zu finden, was würdet ihr dann machen? Wie würdet ihr eine »Gottsucherexpedition« planen? Versucht es doch einmal! Hier im Raum seht ihr ein paar Guckkisten. In*	
20 Minuten	*meiner Hand habe ich ein paar Expeditionsplanungsunterlagen.* Sucht euch einen Partner/eine Partnerin. Partnergruppenbildung. Sind alle Gruppen gebildet, erhält jede Partnergruppe ein Expeditionsheft. Dann: *Lest euch bitte die zweite Seite in euren Expeditionsunterlagen durch.* Konfis lesen; dann: *Was müsst ihr noch wissen, um eure Expedition zu planen?* Klärung von Rückfragen, Vereinbarung einer Zeit und los geht's.	ein Expeditionsheft (m07) (Ausdrucken oder kopieren?) pro 2 Konfis und mit zwei Heftklammern zu einem kleinen Heft zusammenheften!), Stifte Musik im Hintergrund
PartnerInnenarbeit 20 Minuten	Sind alle fertig, geht es folgendermaßen weiter: *Ihr habt jetzt fünf Orte gefunden, an denen es aus eurer Sicht Erfolg versprechend sein könnte, nach Gott zu suchen. Malt aus diesen Worten gemeinsam ein Bild. Malt es bitte so, dass das, was für euch am meisten Erfolg verspricht, am größten, buntesten, grellsten ist – und das, was am wenigsten Erfolg verheißt, am kleinsten, usw. Wie ihr das Bild gestaltet, könnt ihr selbst entscheiden. Ihr könnt etwas mit den Buchstaben der Wörter machen, ihr könnt aber auch eure Wörter in Bilder umsetzen, ganz wie ihr wollt.*	Plakate Malzeug Musik im Hintergrund
Kleingruppenarbeit 10 Minuten	*Auswertung: Setzt euch mit 4-6 Personen zusammen und zeigt euch eure Bilder. Lasst euch zunächst erzählen, was andere auf euren Bildern entdecken. Am Ende habt ihr Gelegenheit, selber zu sagen, was ihr ausdrücken wolltet.*	
Plenum 5 Minuten	Plakat (Jer 29,5) wird noch einmal in die Mitte gelegt. Abschlussfrage: *Hat sich was verändert, wenn ihr an den Anfang zurückdenkt? Wenn ja, was, wenn nein, warum nicht?*	Plakat m01

4. Tot – und was dann?

Unsere Themenstellung meinen wir ganz wörtlich: Wir beschäftigen uns in dieser Einheit nicht mit dem Sterben, sondern mit dem Danach des Todes. Es ist sinnvoll, auch »Sterben« zum Thema im KU zu machen. Wir schlagen Ihnen vor, dieses Thema erst nach dieser Einheit zu erarbeiten. Warum? Weil wir glauben, dass unsere Überzeugungen vom »Danach« des Todes unseren Zugang zum Thema Sterben prägen. Bei der Erarbeitung dieses Themas ist unser eigentliches Thema »Hoffnung«. Wir möchten unseren Konfis Gelegenheiten geben, Hoffnung als eine Perspektive für jeden Bereich ihres Alltags zu entdecken: Sie brauchen Hoffnung, wenn sie sich verliebt haben und nicht genau wissen, ob's denn auch klappt. Sie brauchen Hoffnung aber auch und gerade dann, wenn es ihnen dreckig geht, wenn Freunde mit ihnen Stress haben oder sie in der Schule nicht mehr klarkommen. In solchen Situationen ist Hoffnung eine der entscheidenden Kräfte, das eigene Leben bewusst zu gestalten. Wer keine Hoffnung hat, wird gelebt – oder hört ganz auf zu leben. In dieser Überzeugung liegt für uns der Grund, mit den Konfis nach dem »Danach« des Todes zu fragen. Bewusste und beschreibbare Hoffnungen, die über den Tod hinausreichen, stellen Kraft- und Gestaltungsquellen in allen möglichen Lebenssituationen dar.

Unsere Einheit ist relativ einfach aufgebaut: Sie wird getragen vom Motiv der Tür. Der Frage, was uns hinter der Tür unseres Todes erwartet, gehen wir auf eine zweifache Weise nach. Wir beginnen bei unseren eigenen Hoffnungsbildern: Welche Bilder kommen mir in den Sinn, wenn ich an das Jenseits dieser Tür denke? Diesen Schritt gestalten wir durch Jenseitskisten (dazu mehr weiter unten). Sind diese Bilder erst einmal klar profiliert, machen wir den nächsten Schritt: Wir konfrontieren diese Bilder mit Hoffnungsbildern der Bibel. Was dabei herauskommt, binden wir in einer Andacht-ähnlichen Schlussphase zusammen.

Diese Einheit ist – zugegebenermaßen – aufwändig. Wir hoffen, dass Sie sie trotzdem einmal ausprobieren. Unsere Erfahrung mit dieser Einheit war: Selten war die Arbeit in unserem KU so dicht, engagiert und spirituell wie bei dieser Einheit. Übrigens: Die Materialien können Sie mehrmals benutzen. Also: einmal anschaffen, und schon sind drei (vier? fünf?) Jahrgänge

gestaltet. O.K., wir hören ja schon auf, Sie zu überreden. Lieber machen wir
noch ein paar Anmerkungen zum Verlauf unserer Einheit.

Eric Clapton: »Tears in heaven«

Mit diesem Song einzusteigen, hat sich als sehr gut erwiesen. Nicht nur die
Melodie, gerade der Text ist ungeheuer tiefgängig. Ein Blick in die Gesich-
ter der Konfis – und es ist sofort klar: Dieses Thema berührt sie. Der Song
gibt ihnen Anregungen, erste eigene – sehr persönliche und eigentlich nie
gefühlsduselige – Sätze zur Frage der Einheit zu sagen: »Wie geht's eigentlich weiter – hinter dieser Tür?«
Es ist wichtig, sich für »tears in heaven« Zeit zu nehmen, nicht zu hetzen.
Die Konfis sind danach voll im Thema. Sie lassen sich ernsthaft und neugierig auf das Bauen der Jenseitskisten ein.

Die Jenseitskisten

»Warum arbeitet ihr mit Kisten?« Das werden wir häufig gefragt. Manche
sagen uns: Geht das nicht anders irgendwie schneller und einfacher mit
einem ähnlichen Ergebnis? Natürlich kann man das auch anders machen, z.B. Bilder malen lassen und anschließend darüber reden. Aber
mal ehrlich: Im Vergleich zu den Kisten ist das doch ziemlich langweilig
und macht kaum Spaß. Ach ja, was das eigentlich für Kisten sind? Wir
haben normale Umzugskisten benutzt. Sie können aber auch jede andere
Kiste von vergleichbarer Größe verwenden. Eine echte Hilfe ist es, wenn
die Kisten innen weiß sind. Dann lassen sie sich einfacher und schöner
gestalten. Haben Sie solche »Innenweißkisten« nicht – macht nichts:
Die Konfis kleben einfach weißes Papier an die Stellen, wo sie es brauchen.
Mit den Kisten wird aus dem Thema ein echtes Erlebnis. Beim Bauen gilt
das Motto: »Es gibt nichts, was es nicht gibt«: Blumige Wiesen, flauschige
Teppiche, helle Farben, warmes großes Licht, aber auch buntes Chaos und –
manchmal, ganz selten – Höllenvisionen. Hier ist alles drin.
Hätten Sie gern einige Beispiele? Diese Kisten haben Konfis gebaut:

a) Die »Alles-wird-gut-Kiste«
Die Kiste ist an der Schmalseite geöffnet. Ein Tor wurde ausgeschnitten.
Blickt man hinein, sieht man eine Art Vorhof. Es gibt eine Behindertenram-
pe, der Boden ist bedeckt mit weißer Watte. Links vom Eingang befindet

sich eine Medikamentenabgabestelle. Begründung: »Die braucht man hinter der Tür nicht mehr!«
Auf der rechten Seite neben dem Eingang liegt eine große Zwiebel. Darüber steht: »no tears in heaven«. An den Seiten dieses »Vorhofs« kleben zerrissene Geldscheine. Daneben steht: »Geld regiert zwar die Welt, aber nicht den Himmel.« Vom Vorhof aus lässt sich durch eine schmale Tür ein Blick in den hinteren Raum erhaschen. Kerzen stehen auf dem Boden, helle Farben sind zu sehen, und eine Schrift an der gegenüberliegenden Wand. Allerdings lässt sich dieser Raum nur von außen durch kleine Fenster betrachten. Die Fenster sind aus OHP-Folie ausgeschnitten und mit Stiften bunt gestaltet. So wird der eigentliche »Himmelsraum« bunt und hell. Es gibt ein großes grünes Fenster, aber auch rote und gelbe.
In diesem Raum ist alles mit weißer Watte ausgelegt, darauf stehen die Kerzen. Sonst ist der Raum leer, bis auf einen Satz an der Rückwand: »Alles wird (ist durchgestrichen) ist gut!«

b) Die Sommer-Alpen-Wiese-Kiste
Die Kiste steht hochkant. Der Blick wird gefangen von einer riesigen gelben Sonne. Ihre Strahlen gehen durch die ganze Kiste und verändern dabei ihre Farbe. Aus gelb wird grün, blau usw. »Regenbogen« – denkt man. Auf dem Boden stehen auf einer grünen Filzwiese ganz viele kleine Blumen (auch aus Filz) in allen Farben. (Hier hatte jemand besonderes bastlerisches Talent ...)
Die Wände sind kariert. »Wieso kariert?« – »Ist nicht langweilig. Außerdem hatten wir keinen besseren Stoff!« An den Wänden stehen Worte. Liebe. Glücklich sein. Harmonie. Frieden. Die ganze Kiste atmet Buntheit und Fröhlichkeit.

Die Arbeit an den Kisten setzt enorme Kreativität frei. Es ist deshalb gut, sich als Unterrichtender zurückzuhalten und sich in dieser Phase darauf zu beschränken, die Arbeitsgruppen so zu unterstützen, dass sie ausreichendes Material bekommen. Eben auch für ausgefallene Ideen. Übrigens: Dass eine Kleingruppe eine Kiste bauen muss (und nicht jede oder jeder Konfi eine eigene), ist volle pädagogische Absicht: Das *eine* Produkt nötigt zum Austausch, zur Begründung eigener Absichten. So geschieht gerade in und durch die Kleingruppenarbeit eine erste Profilierung der eigenen Vorstellungen.

»Anderes Zeugs«

Bestimmte Gegenstände müssen in der Kiste irgendwie verarbeitet werden. Diese Gegenstände (Handy, Geld, Kickerball, Medikamentenschachtel, Lippenstift) sind Symbole für das, was Menschen als wertvoll und sinnstiftend bezeichnen könnten: Kommunikation, Reichtum, Fußball/Spaß, Gesundheit, Schönheit.
Es lohnt sich, bei der Auswertung der Kisten auf diese Symbole einen besonderen Blick zu werfen und zu hinterfragen, welche Rolle die heute sinnstiftenden Werte hinter der Tür haben.

»Die Kistengespräche«

Sind die Kisten erst einmal fertig, kommt ihre Präsentation. Verschlossen werden sie in den Plenumsraum gebracht und eine nach der anderen geöffnet. Niemand muss etwas zu den Kisten sagen – aber jeder und jede darf, vorausgesetzt, sie achten die Kiste und ihre Erbauer. Darauf haben wir uns vorher verständigt.
Sind alle Kisten geöffnet, bilden wir Partnergruppen: Immer zwei Kistenteams tun sich zusammen und tauschen ihre Kisten aus. Manchmal dauert es ein bisschen, bis alle verstanden haben, mit welcher Kiste sie im nächsten Schritt arbeiten. Ist es allen klar geworden, gehen wir mit einer Spiegelfliese (von Ikea oder aus dem Baumarkt) vor jeder Kiste her. Wir versuchen zu erreichen, dass alle Konfis jede Kiste einmal im Spiegel gesehen haben. Alle recken ihre Hälse und verrenken sich den Rücken. »Warum macht ihr das?«, wollen ein paar wissen. Wir sagen: »Jede Kiste spiegelt etwas von euren Hoffnungen, Ängsten, Träumen wieder. Guckt euch mal die Kiste an, die ihr jetzt habt. Welche Hoffnungen etc. spiegeln sich darin? Schreibt ein paar Stichworte draußen auf die Kiste.«
Die Konfis legen los. Irgendwie macht es Spaß, das andere Kistenteam zu analysieren. Aber dass die anderen auch etwas auf die eigene, mit viel Körper- und Geisteskraft erstellte Kiste schreiben – das ist schon ein bisschen unverschämt. Das müssen sie begründen. Dazu gibt es auch Gelegenheit: bei den Kistengesprächen. Die Partnergruppen setzen sich zusammen, und jetzt können alle alles fragen – zur Kiste, zu den Stichwörtern und überhaupt. Und schon wieder gewinnen die eigenen Vorstellungen an Profil. Zum Schluss kann sich jeder und jede Konfi noch einmal mit seiner oder ihrer Kiste fotografieren lassen. Das Bild geben wir ihnen (beim nächsten Mal) mit nach Hause – oder kleben es auf ihre Konfirmationsurkunde –

oder machen eine Ausstellung damit – oder stellen sie auf unsere Internetseite – oder ...

Biblische Hoffnungssätze

Mit der Erarbeitung der biblischen Texte beginnt noch einmal ein neuer Abschnitt. Deshalb werden die Kisten auch erst einmal zur Seite gestellt. (Übrigens: Hier wie auch bei den Leidenskisten empfiehlt sich eine größere Öffentlichkeit wie ein Gottesdienst oder eine »Ausstellung« im Gemeindehaus.) Die Konfis brauchen neue Motivation und Kraft. Deshalb kommt jetzt erst einmal eine längere Pause (oder – auf einer Feizeit – die Nacht?). Bevor wir wieder einsteigen, machen wir ein Spiel, das die Konzentration fördert (s.u. unter »Könnwamanspielmachen«).

Den Übergang von den eigenen Vorstellungen zu den Hoffnungssätzen der Bibel zu inszenieren ist wichtig. Die Konfis brauchen den vorhergehenden Arbeitsschritt: Austausch der Kisten. Erfragen der Vorstellungen, Ängste, Hoffnungen, Träume, die hinter der Kiste stecken. Lässt man diesen Arbeitsschritt weg, weil er für überflüssig gehalten wird, so kann keine Beziehung zwischen den eigenen und den biblischen Bildern entstehen.

Die Konfis arbeiten in Gruppen. Ihre Aufgabe: einen biblischen Text in eine DIN-A4-Collage umzusetzen, die wir später auf eine OHP-Folie ziehen. Wir geben ihnen ein Arbeitsblatt, einen Stapel Schwarzweißbilder und Bastelzeugs mit. Ist die Collage auf Folie gezogen, können sie noch mit Eddings bestimmte Bereiche kolorieren.

Die biblischen Texte befördern kleine Aha-Erlebnisse: »Genauso haben wir es in unserer Kiste gemacht.« Die Texte zu bearbeiten, macht den Konfis Spaß. Aber auch hier gilt: Da braucht's Zeit. Am Ende überraschen uns die Konfis. Wir haben nicht erwartet, Collagen mit solcher Dichte zu erhalten. Einige Beispiele gefällig?

Hesekiel 37
Als Hintergrund hat die Gruppe eine Strandlandschaft gewählt. Der Blick fällt auf einen länglichen Strand, an dem an den Seiten Dünen aufsteigen. Auf diesem Hintergrund stehen mit Edding gemalt ganz viele Kreuze.
Im Vordergrund sieht man eine sehr alte Frau tanzen. Links in der Ecke steht der Titel: »Tanzen auf den Gräbern«.

Offenbarung 21
Hintergrund bildet eine große Stadtlandschaft. Hochhäuser sieht man an den Seiten. Sie verdecken den Himmel. In der Mitte ist gerade die »rushhour« in vollem Gange.
In der Mitte ist aus der Hochhäuserfront ein trichterartiges Stück entfernt worden. In diesen Trichter purzeln Bäume.
Über dem Trichter sieht man eine Hand, die die Bäume ausstreut, und den Satz: »Siehe, ich mache alles neu!«

Unsere Hoffnungssätze

Ein Einwand gegen das selbstständige Formulieren von Hoffnungssätzen lautet gemeinhin: »Das klappt nie. Was ist, wenn die Konfis keine Hoffnungssätze finden, bzw. wenn sie Hoffnungssätze haben, die völlig irreführend sind?«
Wir können dazu nur Folgendes sagen: Das stimmt! Es kann wirklich passieren, dass genau das eintrifft, was Sie befürchten. Wir nehmen das in Kauf, haben es selbst aber noch nicht erlebt. Denn die Hoffnungssätze der Konfis entstehen auf dem Hintergrund der Jenseitskisten und der selbst angefertigten OHP-Collagen. Also werden z.B. die Konfis, die in ihrer Kiste die Zwiebel mit dem Satz »no tears in heaven« verarbeitet haben, sehr genau den Hoffnungssatz aus Offenbarung 21 gehört haben: »Und er wird abwischen alle Tränen von ihren Augen«. Der biblische Hoffnungssatz unterstreicht und verstärkt so noch einmal den eigenen Hoffnungssatz. Anders, aber nicht weniger dicht ergeht es jenen, die in ihrer eigenen Vorstellung wenig Gutes hinter der Tür erwarten. Sie können sich von den biblischen Hoffnungsgeschichten inspirieren lassen, Hoffnung zu entdecken. Konfis machen so oder so die Erfahrung, dass Sätze aus der Bibel eine hohe Qualität für ihr persönliches Leben entfalten können.
Aber was geschieht nun eigentlich am Schluss dieser Einheit? Während die Konfis ihre Collagen anfertigen, gestalten wir den Plenumsraum: Wir bauen einen Stuhlhalbkreis auf. In die Mitte dieses Halbkreises legen wir eine Tür aus Plakatkarton. Die Konfis kennen sie schon. Sie hat bereits beim Hören des Liedes von Eric Clapton in der Mitte gelegen. Auf die Tür stellen wir einige Teelichter. Ans offene Ende des Stuhlhalbkreises hängen wir eine Baufolie (gibt's in jedem Baumarkt). Am einfachsten geht das, indem wir 2 x 2 Tische übereinander stellen, noch einen Stuhl obendrauf packen und die an eine Baulatte getackerte Folie über die Stuhllehnen legen. Die Baufolie reicht bis zum Boden. Hinter die Baufolie stellen wir den OHP. Sein

Licht strahlt in den Stuhlhalbkreis. Vor die Baufolie legen wir einige Eddings. Dann machen wir Musik an (meditativ, George Winston? Pat Methe-
ny & Charly Haden?) und dunkeln den Raum ab. Bevor wir die Konfis her-
einlassen, zünden wir noch die Teelichter an.
Sind alle Konfis im Raum, geht's los: Jede Gruppe legt ihre Collage auf den
OHP. Die anderen sitzen im Licht dieser Collage und hören den dazugehöri-
gen Text. Sie können – wer will, niemand muss – danach ein Wort, einen
Satz auf die Baufolie schreiben. Bei der ersten Collage gehen nur wenige.
Wir müssen lange warten, bevor sich die Erste traut. Dann geht es immer
leichter. Wenn alle Gruppen ihre Collage vorgestellt haben, legen wir noch
eine letzte Folie auf. Auf ihr steht nur ein Wort: »Hoffnung«. Die Konfis
lesen noch einmal alle Wörter auf der Folie. Wir geben ihnen eine kleine
Karte in die Hand und bitten sie, ihren Hoffnungssatz aufzuschreiben: »Was
gibt euch Hoffnung, wenn ihr daran denkt, dass ihr eines Tages durch diese
Tür geht?« Dieser Satz gehört den Konfis. Sie müssen ihn nicht vorlesen.
Wir schlagen ihnen vor, den Zettel mit ihrem Satz in ihrer Hosentasche
herumzutragen. Dann singen wir noch ein Lied und segnen die Konfis.
Das Ende der Einheit haben wir als ungemein dicht und spirituell erlebt. Es
erschien uns so, als ob durch das Beschriften der Baufolie und das Nennen
der Hoffnungssätze/-begriffe sich diese schon in unserer Wirklichkeit mani-
festierten.

Beispiele für Hoffnungssätze der Konfis:
• Hipp, hipp, hurra, alles wird super, alles wird wunderbar!!!
• Steh auf! Ich mache alles neu.
• Alleine werde ich nie sein.
• Ich bin zufrieden.
• Ich bin froh, dass es weitergeht.
• Ich werde sein, was ich in Gottes Augen schon jetzt bin.
• Ich werde klar sehen.
• Ich glaube, dass ich hinter dieser Tür geborgen bin.

Verlaufsplan: Soundauchanders

Wann und wo	Was	Wie
Plenum, stehend im Raum, ca. 10 Minuten	Einstieg ins Thema: Beyond the door … • Ankommen und warm werden: Um anzukommen und miteinander warm zu werden, spielen wir zu Beginn ein Spiel. Es besteht aus drei Schritten. Alles, was Sie für das Spiel brauchen, ist eine gerade Zahl von Mitspielenden und lebendig-meditative Musik. So geht's los: • Bitte sucht euch einen Partner oder eine Partnerin. Habt ihr einen gefunden? Gut! Stellt euch Rücken an Rücken zu eurem Partner/eurer Partnerin. Der Rücken geht von den Schultern bis zum Hintern. Also los! Jetzt schiebt euch bitte ganz vorsichtig gegenseitig durch den Raum. Achtet genau aufeinander: Will der andere gerade schieben oder geschoben werden. Ihr werdet merken: Das könnt ihr spüren. Macht das so lange, wie die Musik läuft. • Musik an, ca. 1 Minute; dann Musik ausblenden. • Jetzt braucht ihr einen neuen Partner/eine neue Partnerin. Habt ihr jemanden gefunden? Gut! Dieses Mal steht ihr nicht Rücken an Rücken, sondern voreinander. Ihr schaut euch in die Augen und dürft den Blickkontakt keine Sekunde verlieren. Dabei könnt ihr euch unabhängig voneinander durch den Raum bewegen. Bloß eins ist wichtig: Behaltet einander die ganze Zeit im Auge. Alles klar? Los geht's! • Musik an, ca. 1 Minute; dann Musik ausblenden: • Ihr braucht noch einmal einen neuen Partner oder eine neue Partnerin! Dieses Mal steht ihr wieder Rücken an Rücken. Aber die Spielregel ist jetzt anders als vorhin: Ihr dürft euch auf keinen Fall von eurem Mitspieler verschieben lassen. Ihr müsst aber unbedingt versuchen, ihn oder sie zu verschieben. Alles klar? Viel Spaß! • Musik an, ca. 1 Minute; dann Musik ausblenden. Vielen Dank, dass ihr mitgemacht habt. Was ihr jetzt gerade erlebt habt, brauchen wir bei unserem Thema: 1. Einander den Rücken stärken: Braucht jemand deine Unterstützung? 2. Die anderen nicht aus dem Blick verlieren: Was denken oder fühlen eigentlich die anderen in deiner Gruppe? 3. Sich aneinander reiben: Kann ich den anderen nicht dazu bringen, die Welt mal von einem anderen Standpunkt aus zu betrachten?	CD-Spieler mit lebendiger meditativer Musik
Plenum, im Stuhlkreis, ca. 15 Minuten	Einstieg ins Thema: • Legen Sie die Plakatkartontür in die Mitte des Stuhlkreises und verteilen Sie die Textzettel: Eric Clapton, Tears in Heaven. • Impuls durch eine(n) Unterrichtende(n): Hintergrund zum Song: Eric Clapton hat vor einigen Jahren seinen 5-jährigen Sohn verloren. In einem unbeobachteten Mo-	Tür aus drei Plakatkartons zusammengeklebt; Klinke aufgemalt. m01 Textzettel Eric Clapton, CD-Spieler Pro 4 bis 5 Konfis 1 Umzugskarton (oder andere Kartons

Gruppenräume, Kleingruppenarbeit, ca. 45 Min.	ment stürzte er aus einem Fenster im 30. Stock eines Gebäudes. Der Song »Tears in Heaven« erzählt von seinen Gefühlen, Hoffnungen und von seiner Trauer. • Hören des Songs: Tears in Heaven & Abwarten von Spontanreaktionen • Impuls durch eine(n) Unterrichtende(n): Was macht Eric Clapton in diesem Song? Er entwirft ein eigenes Bild von dem, was hinter dieser Tür auf ihn und auf seinen Sohn wartet. Dieses Bild gibt ihm die Kraft, jetzt weiter zu leben und mit seiner Trauer umzugehen. (Unterrichtende(r) geht zur Tür) Beyond the door ... Was ist hinter der Tür? Das ist die Frage, mit der wir uns jetzt beschäftigen. Ihr tragt Bilder vom Jenseits in euch. Habt ihr das schon einmal gemerkt? Manche von euch haben sehr deutliche Bilder, andere sehr verschwommene: Licht, Wiese, Blumen, Gemeinschaft, Musik, Farben. Versucht doch einmal, eure inneren Bilder vom Jenseits darzustellen, indem ihr gemeinsam mit anderen eine »Jenseitskiste« baut. Was eine Jenseitskiste ist? Also ... • Vorstellung der Kiste und der Materialien; Möglichkeiten, die Jenseitskiste zu erarbeiten (s. dazu m02: »Bauanleitung Jenseitskiste«) • Wichtig – nicht vergessen: Ihr habt 45 Minuten Zeit, eure Kiste zu bauen. Bitte bringt sie dann wieder in diesen Raum – und zwar gut verschlossen. Wir werden sie erst hier im Raum aufmachen und den anderen zeigen. Rückfragen? O.K., dann los! Sammelt euch in Gruppen von 4-5 um eine der im Raum verteilten Kisten. Wenn alle Gruppen gebildet sind, sage ich euch, in welche Räume ihr gehen könnt.	von vergleichbarer Größe; wenn möglich innen weiß oder doch hell) Für jeden Umzugskarton (am besten einfach schon hineingelegt) 1 Lippenstift, Spielgeld (bei der Sparkasse umsonst zu bekommen), 3-4 leere Medikamentenschachteln (bei der Apotheke ein paar Tage vorher anrufen und zurücklegen lassen), 1 Kickerball, 1 Spielzeughandy sowie eine Auswahl an Kreativzeugs (Eddings, Knete, Blumenerde, Transparentpapier, Kleber, Schere, Stoff- und Wollreste (Frauenhilfe!)) m02 Bauanleitung Jenseitskiste
Plenumsraum, Stuhlkreis,	• Die Kleingruppen bauen die Jenseitskisten in ihren Gruppenräumen. Sie bringen sie verschlossen in den Plenumsraum zurück	
Gruppenarbeit, ca. 25 Minuten	Vorstellung der Jenseitskisten: • Die Jenseitskisten werden jetzt nacheinander geöffnet. Alle haben Zeit, jede Kiste genau anzusehen. • In einem Abstand von ca. 1,5 m werden die Jenseitskisten vor die Spiegel auf den Boden gestellt. Eine Unterrichtende hält eine Spiegelfliese so vor die Kisten, dass alle Konfis einmal den Inhalt jeder Kiste gesehen haben. • Impuls eines/einer Unterrichtenden: Unsere Jenseitsvorstellungen spiegeln immer auch unsere persönlichen Träume, Hoffnungen und Ängste: Was ist uns wichtig? Was ist uns unwichtig? Was macht uns Angst? Was gibt uns Hoffnung? Schaut euch noch einmal die Jenseitskisten an: Welche Hoffnungen, welche Ängste, welche Träume haben Menschen, die solch eine Kiste bauen? Damit beschäftigen wir uns in diesem Schritt.	Eddings, Spiegelfliese von Ikea oder aus dem Baumarkt oder von der Wand auf dem Gemeindehausklo, Fotoapparat

Wann und wo	Was	Wie
	• Jenseitskistentausch: Je zwei Gruppen tauschen ihre Jenseitskisten. Sie schreiben außen auf die Kiste Begriffe, die ihre Vermutungen über Wünsche, Träume, Ängste & Hoffnungen der Leute bezeichnen, die die Kiste gebaut haben. • Nach ca. 15 Minuten kommen die Partnergruppen zusammen und stellen sich anhand der auf den Kisten aufgeschriebenen Begriffe ihre jeweiligen Vermutungen vor. Die Partnergruppe teilt ihre Eindrücke mit. • Wenn die Gespräche verebben, kann sich noch jeder/jede Konfi mit seiner/ihrer Kiste fotografieren lassen. Das Foto geben wir ihnen beim nächsten Mal mit nach Hause (wir haben nämlich keine Digitalkamera ☺; Achtung: Wählen Sie ein großes Format; große Bilder schmeißt man und auch Konfi nicht so einfach weg!)	
Pause	so lange wie es geht	
Plenumsraum, stehend, 5 Min.	• Spiel »Group Juggling« (s. unter »Könwamanspielmachen«)	6 bis 7 Tennisbälle
Plenumsraum, Stuhlkreis, 15 Minuten	Jenseitsbilder aus der Bibel • Stuhlkreis um die Tür aus Plakatkarton. • Impuls eines/einer Unterrichtenden: *Schon immer haben sich Menschen Bilder davon gemacht, wie es hinter dieser Tür aussieht: Ihr habt Jenseitskisten gebaut, andere haben Bilder gemalt und wieder andere haben ihre Bilder aufgeschrieben. Solche aufgeschriebenen Bilder gibt's auch in der Bibel. Ich bitte euch, aus einem solchen aufgeschriebenen Bild ein echtes Bild zu machen. Und das geht so: Ihr arbeitet noch einmal in Gruppen. Ihr könnt in denselben Gruppen arbeiten wie eben oder auch in anderen. Sammelt euch einfach in einer der vier Ecken.* • Warten, bis die Gruppenbildung abgeschlossen ist. Dann weiter: • *Für eure Arbeit braucht ihr außerdem noch eine Schere, einen Stapel Bilder, einen Klebestift und ein weißes DIN-A4-Blatt sowie ein Arbeitsblatt. Ihr findet alles in eurer Ecke. Bitte lest jetzt das Arbeitsblatt durch. Danach klären wir eure Fragen dazu. Dann könnt ihr in euren Gruppenräumen anfangen.* • Lesen der Arbeitsblätter m03-m06, Klärung von Rückfragen, Anweisung der Räume und Zeitvereinbarung. • Achtung – wichtig – nicht vergessen: *Wenn ihr eure Collage fertig habt, meldet euch bei mir/uns. Wir gehen dann mit euch zum Kopierer und ziehen eure Collage auf eine Folie. Ihr könnt sie dann noch farbig anmalen, wenn ihr möchtet. Auf*	Auf dem Fußboden in vier Ecken ausgelegt: Scheren, Kleber, für jede Gruppe von 4 bis 5 Konfis einen Stapel mit kopierten Schwarzweißbildern sowie eine leere DIN-A4-Seite, Stapel m03-m06 mit m07 (jeder Stapel besteht aus denselben Textblättern! Die Textblätter müssen Sie ausdrucken, auf die Rückseite die Außenseite m07 kopieren, die linke und rechte Seite auf die Mitte zusammenfalten, sodass eine Doppelflügeltür entsteht.) Kopierer, Kopierfolie, Eddings zum Kolorieren.

	jeden Fall zeigt ihr eure Collage allen anderen – wie, das verraten wir noch nicht. Ach ja, und noch etwas: In unseren Plenumsraum dürft ihr jetzt erst einmal nicht herein. Wir bauen hier nämlich etwas für euch auf. Also, wenn ihr etwas von uns wollt: an der Tür klopfen und WARTEN! Alles klar? Dann los!	
Gruppenräume, Kleingruppenarbeit, 30 Minuten	• Die Kleingruppen fertigen ihre OHP-Collage an. • In der Zwischenzeit stellen die Unterrichtenden folgendes Raumarrangement her: Wir bauen einen Stuhlhalbkreis auf. In die Mitte dieses Halbkreises legen wir die Tür aus Plakatkarton. Auf die Tür stellen wir einige Teelichter. Ans offene Ende des Stuhlhalbkreises hängen wir eine Baufolie (gibt's in jedem Baumarkt). Am einfachsten geht das, indem wir 2 x 2 Tische übereinander stellen, noch einen Stuhl obendrauf packen und die an eine Baulatte getackerte Folie über die Stuhllehnen legen. Die Baufolie reicht bis zum Boden. Hinter die Baufolie stellen wir den OHF. Sein Licht strahlt in den Stuhlhalbkreis. Vor die Baufolie legen wir einige Eddings. Dann machen wir Musik an (meditativ, George Winston? Pat Metheny & Charly Haden?) und dunkeln den Raum ab. Bevor wir die Konfis herein lassen, zünden wir noch die Teelichter an.	Baufolie, vier Tische, zwei Stühle, eine Baulatte (2,5 m), Heftzwecken, Hammer, Teelichter, Streichhölzer, Eddings, CD-Spieler, Musik (ruhig, meditativ)
Plenumsraum, Stuhlhalbkreis, 35 Minuten	• Präsentation der biblischen Bilder: Sind alle Konfis im Raum, geht's los: Jede Gruppe legt nacheinander ihre Collage auf den OHP. Die anderen sitzen im Licht dieser Collage und hören den dazugehörigen Text, den ein/e Konfi aus der Gruppe laut vorliest. • Die Konfis können – nur wer will, niemand muss – danach ein Wort, einen Satz auf die Baufolie schreiben. • Wenn alle Gruppen ihre Collage vorgestellt haben, legen wir noch eine letzte Folie m08 auf. Auf ihr steht nur ein Wort: »Hoffnung«. Die Konfis lesen noch einmal alle Wörter auf der Folie. Wir geben ihnen eine kleine Karte in die Hand und bitten sie, ihren Hoffnungssatz aufzuschreiben: »Was gibt euch Hoffnung, wenn ihr daran denkt, dass ihr eines Tages durch diese Tür geht?« Dieser Satz gehört den Konfis. Sie müssen ihn nicht vorlesen. Wir schlagen ihnen vor, den Zettel mit ihrem Satz in ihrer Hosentasche herumzutragen. Dann singen wir noch ein Lied, lesen das Ichbin-Wort aus Joh 11 und segnen die Konfis. • Wir fragen, wer Lust hat, das Ichbin-Wort bis zum nächsten Mal als Kalligraphie oder Bild für das *Jesus-Brett* zu gestalten (mit Computer, Wasserfarben oder wie auch immer).	m08 Folie »Hoffnung«, Karten (DIN A6), Eddings
Plenumsraum	• Wir bleiben im Raum und bieten Getränke an. Die Musik bleibt an. Wer will, kann noch bleiben und mit uns reden. Die OHP-Collagen und die beschriebene Baufolie verwenden wir am Sonntag im Gottesdienst. Sie predigt von ganz alleine.	

5. Beten ist wie ...

Kann Beten die Dinge verändern?

Das Thema Beten spielt in unserem KU eine zentrale Rolle. Es verdient viel Zeit und unseres Erachtens auch einiges an Gestaltungsaufwand. Denn bei keinem anderen Thema geht es so explizit darum, der Wirklichkeit Gottes nachzuspüren.

Für Jugendliche bleibt das Thema »Beten« so lange harmlos und langweilig, wie es unter der Überschrift *»Beten ist wie Reden mit einem guten Freund«* entfaltet wird. Nach unserer Erfahrung reagieren Jugendliche auf diesen Zugang mit Sätzen wie: »Wenn das so ist, rufe ich doch lieber gleich meine Freundin an. Das geht schneller und wirkt besser!«

Beten wird (nicht nur) für Jugendliche dagegen interessant, wenn es dabei um Fragen geht wie: »Verändert Beten die Dinge?« – »Bringt es etwas, um bessere Zensuren zu bitten?« – »Kann Gott dafür sorgen, dass Jenny sich in mich verliebt?«

Kennen Sie die Untersuchung zur Rolle von Fürbittgebeten bei der Behandlung von Herzpatienten, die 1999 in den anerkannten »Archives of internal Medicine« veröffentlicht wurde?

In diesem Versuch wurden Vornamen von willkürlich ausgewählten Patientinnen und Patienten an eine Fürbittgruppe gegeben, die für vier Wochen diese Namen in ihre Fürbitten aufnahm. Die Patienten hatten keine Ahnung, dass für sie gebetet wurde. Nach Auswertung dieses Versuchs, an dem insgesamt 990 Patienten teilnahmen, stellte sich Folgendes heraus:

Die Patienten, deren Namen der Fürbittgruppe anvertraut worden waren, benötigten signifikant weniger Medikamente, der Heilungsprozess verlief signifikant schneller, das persönliche Wohlbefinden dieser Patienten war signifikant höher.

Was machen Sie mit einer solchen Untersuchung?

Ziehen Sie die Untersuchungsmethoden in Zweifel?

Überprüfen Sie Ihr Gottesbild?

Oder fangen Sie an, anders zu beten?

Uns ist diese Untersuchung wichtig, weil sie uns an Folgendes erinnert:

Die Fragen, die nach unserer Erfahrung für Jugendliche beim Thema »Beten« (Veränderung von Dingen) interessant sind, sind sachlich angemessen. Das Phänomen »Beten« ist nicht hinreichend in psychologischen Kategorien erfasst. Beten braucht theologische Deutungskategorien, die das Verhältnis von Wirklichkeit Gottes und Wirklichkeit dieser Welt verstehen helfen.
Wie gehen wir also vor?

Lernstationen: »Beten ist wie …«

Wir sitzen im Kreis. Im Raum sind unsere üblichen Materialien (Stifte, Papier, Kreativzeugs usw.) aufgebaut. Alle verfügbaren Räume im Gemeindehaus sind aufgeschlossen (ja, auch die Küche, der Heizungskeller und der Putzraum!).
Doch bevor es losgeht, ist es wichtig, die Konfis auf das Thema einzustimmen. Wir zeigen ihnen an einem Beispiel (Seil von der Decke), was wir von ihnen wollen: eine Lernstation bauen – etwas, wo man erleben kann, wie das Beten ist. Die Konfis bekommen Lust, jetzt selber zu experimentieren, zu überlegen und aufzubauen. Als Baumaterial steht ihnen das ganze Haus zur Verfügung. Es gibt nur eine einzige Bedingung: Am Ende der Einheit muss das Haus wieder so aussehen wie vorher.
Dann ziehen die Konfis los, zu zweit, zu dritt, zu viert, manche auch allein. Sie suchen nach Inspiration in den Gegenständen, die sie sehen: »Was könnte das mit Beten zu tun haben?« – »Wie wär's, einfach oben ein Fenster aufzumachen? Und man muss sich dann auf die Fensterbank stellen?«
Viele Gespräche schwirren durchs Haus.
Wenn alle Stationen aufgebaut sind und die Durchlaufmodalitäten geklärt sind, geht es weiter. Alle Konfis durchlaufen alle Stationen.

Wir sind jedes Mal wieder überrascht, was dabei herauskommt. Einige Beispiele:
- Zwei Mädchen haben z.B. ein Memoryspiel gebastelt. Auf je zwei Karteikarten haben sie Situationen gemalt, in denen Beten ihrer Ansicht nach Sinn macht. Hinterher erklären sie uns: »So ist das beim Beten – da müssen immer zwei zusammenkommen, damit es klappt. Manchmal dauert das ganz schön lange und man muss viel 'rumprobieren.«
- Zwei Jungs haben aus dem Krabbelgruppenraum einen Stab mit Ringen geholt. Den Stab haben sie auf einen Tisch gestellt, in einem Meter Ab-

stand davon eine Linie gezogen mit TesaKrepp. Die Aufgabe: Von dieser Linie aus die Ringe auf den Stab werfen. – Manche von uns haben keinen geschafft, andere gleich vier – aber was hat das mit Beten zu tun? Die Sache klärt sich am Schluss. Bevor wir in die Auswertung der Lernstationen einsteigen, gibt es eine Preisverleihung. Ein Pokal aus der Tischtennisvitrine wird dem besten Ringwerfer überreicht – mit den Worten: »Übrigens, beim Beten geht's nicht ums Gewinnen.« Wir sind ganz schön baff.

- Eine Dreiergruppe Jungs stellt folgende Aufgabe: »Mach einen Handstand und versuche, diesen über einen Zeitraum von 45 Sekunden zu halten. Zu schwer? Vielleicht brauchst du Hilfe.« Das war mit Abstand die Lieblingsstation des Tages. Viele wollten ausprobieren, ob sie diese schwere Aufgabe meistern können. Manche sagten: »Typisch Jungs. Große Klappe und nichts dahinter. Die können das ja selber nicht.« Aber fast jeder, der diese Aufgabe zu lösen versuchte, fragte hinterher: »Und was hat das mit Beten zu tun?« Hier die Antwort der drei Jungs: »Im Leben gibt es manchmal unlösbare Aufgaben, wie z.B. eine Zwei in Mathe, wenn man ein totaler Mathelooser ist. Beten ist wie Hilfe von außen; wie jemand, der beim Handstand die Füße festhält, damit man 45 Sekunden schafft.«

Durch die beiden nächsten Schritte der Namensgebung und der persönlichen Bewertung (s. Verlaufsplan) erreichen wir nicht nur eine Vertiefung im Aneignungsprozess bei den Konfis, sondern auch eine Klärung darüber, welche Plausibilität Beten für sie im Moment hat.

Der Brief

Ein wenig ungewöhnlich erscheint das ja: »Wieso soll ich einen Brief an mich selber schreiben, den ich dann erst in einiger Zeit zurückbekomme?« Einmal, weil am Ende herauskommt: Für jeden hat Beten eine Dimension von persönlicher Erfahrung: Denn es ist ja ihre Aufgabe, zu überlegen, wann und an welcher Stelle in ihrer Erinnerung Beten so oder so ähnlich war wie heute. Zum andern: Indem wir diesen Brief zurückbehalten und ihnen nach einiger Zeit erst wieder zuschicken, vielleicht sogar erst ein Jahr nach ihrer Konfirmation, erhalten sie dann, nämlich zu einem Zeitpunkt, an dem der intensive Kontakt zu uns sich auf die eine oder andere Weise verändert hat, noch einmal Gelegenheit, ihre Erfahrung als Konfi mit den Erfahrungen, die sie seitdem gemacht haben, zu überprüfen. So gelingt es uns, die Frage nach der Relevanz des Betens bei ihnen lange wach zu halten. – Nicht das Schlechteste, wie wir finden.

Jetzt ist es Zeit für eine Pause und ein paar Spiele.
Danach kommt der letzte Schritt:
Wir legen auf Karten Worte aus den Evangelien zum Thema Beten aus, die mit Jesus zu tun haben.
Wir möchten gerne diese Aussagen Jesu zum Thema Beten mit unseren Stationen vergleichen. Hat Jesus vielleicht ähnlich über das Beten gedacht wie wir?
Sind alle möglichen Karten verteilt, können die Konfis noch einmal nachfragen: »Warum hast du die Karte dahin gehängt?«
Bleibt etwas unklar, muss der Kontext des jeweiligen Wortes im Neuen Testament gesucht werden. Das hilft vielleicht beim Klären.

Das können wir sonst noch machen

- Die Stationen im Kirchraum oder beim Gemeindefest aufbauen und anderen zum Durchlauf anbieten. Die Konfis überlegen sich einen Prozess, wie sie Zustimmung und Ablehnung von den Durchlaufenden erheben können. Das Ergebnis kann im Gottesdienst, Gemeindebrief o.Ä. veröffentlicht werden.
- In einer Gruppe kreiste jede einzelne Station um das Thema: »Verändert Beten die Dinge?« Wir haben diese Frage aufgenommen und den beschriebenen Versuch aus den USA abgewandelt in unserer Gemeinde wiederholt. Kleingruppen von Konfis haben vier Wochen lang für von uns ausgesuchte und vorbereitete Gemeindeglieder gebetet – und zwar für spezifische, mit ihnen abgesprochene Anliegen. Nach den vier Wochen kam es mit diesen Gemeindegliedern zu einem Auswertungsgespräch. »Hat sich etwas verändert? Was ist nicht geschehen?« In unserer Konfigruppe haben wir diese Gespräche ausgewertet und die Konfis Konsequenzen ziehen lassen. Bei manchen war das Ergebnis positiv im Sinne von: »Es hat gewirkt«, bei manchen aber eben auch nicht. Das war ein wichtiger Moment, denn jetzt konnten wir mit den Konfis ins Gespräch kommen über die sich nie auflösende Mehrdeutigkeit göttlichen Handelns an uns. Am Ende haben wir gemeinsam die Geschichte von Jesus im Garten Gethsemane (»Doch nicht wie ich, sondern wie du willst ...«) gelesen. (Hier könnte sich dann gut das Thema »Gott und das Leiden« anschließen.)
- Rituale einführen. Z.B. zum Schlussritual gehört jetzt immer ein frei formuliertes Fürbittgebet: »Für wen, für welche Dinge wollt ihr heute bitten?« (s. dazu den Abschnitt zu Ritualen).

Verlaufsplan: Soundauchanders

Wann und wo	Was	Wie
Stuhlkreis 10 Minuten	**1. Einstimmung:** Ein Seil hängt von der Decke bis zum Boden. Unter dem Seil liegt ein Plakat mit der Aufschrift »Beten ist wie ...«. Spontanreaktionen der Konfis abwarten. Unsere Konfis haben z.B. Folgendes gesagt: »Beten ist wie eine Verbindung herstellen« oder: »Beten ist wie ... da muss man sich mächtig anstrengen, um hochzukommen, um sich bei Gott Gehör zu verschaffen.« Wir bitten einen Konfi, sich am Seil gut festzuhalten. Dann stoßen wir ihn herum. Das führt zu weiteren Deutungen: »Beten ist wie ..., wenn man einen festen Halt hat. Man fällt nicht so schnell um.«	Seil an der Decke befestigt Plakat: Beten ist wie ... (m01)
AG-Arbeit: 50 Minuten	**2. Planung und Aufbau der Lernstationen durch die Gruppen** Eure Aufgabe ist es jetzt, eine Station für die anderen Konfis aufzubauen. Sie sollen daran sehen und erfahren können, wie Beten für euch ist. Alle Informationen, die dazu benötigt werden, und alle Anweisungen schreibt auf ein Blatt und klebt es neben eure Station. Aber gebt eurer Station keinen Namen! Die Teamer sind dazu da, um eure Ideen mit Material zu versorgen und um euch dabei zu unterstützen, eure Idee möglich zu machen. Ihr dürft das ganze Haus und alle Gegenstände im Haus für eure Stationen benutzen. Es gibt nur zwei Regeln: 1. Es darf nichts kaputt gehen! 2. Das Haus muss nach unserer Arbeit wieder genau so hergerichtet werden, wie es jetzt ist! Ihr könnt allein oder zu zweit, auch zu dritt, höchstens zu viert an eurer Station arbeiten. Alles verstanden? Dann viel Spaß.	Alles Kreativzeugs
Einzelarbeit 20 Minuten	**3. Durchlauf durch die Lernstationen** Die Konfis kommen zurück in den Stuhlkreis. Bevor der Durchlauf durch die Stationen beginnt, müssen folgende Fragen durch die Teamer geklärt sein: • Welche Station braucht Begleitpersonal? • Welche Station braucht Erläuterung? • Gibt es Stationen außerhalb des Plenumraumes? Durchlauf	
15 Minuten	Pause	
PartnerInnenarbeit 10–15 Minuten	**4. Vertiefung I** *Findet einen Partner oder eine Partnerin.* • Such dir deine Lieblingsstation aus (es darf nicht die sein, die ihr aufgebaut habt!). Erzähl deinem Partner, was dich an dieser Station berührt hat. Lass dich von deinem Partner zu seiner Lieblingsstation führen und hör ihm gut zu. Wenn ihr fertig seid, meldet euch bei einem der Teamer. Die sagen euch dann, wie es weitergeht. • Durchlauf Lieblingsstation • Geh anschließend zu der Station, die dich etwas ratlos lässt oder die dich zu Widerspruch reizt. Teile deiner Partnerin deine Gedanken und Gefühle zu dieser Station mit. Dann kommt deine	m01 (als Kopie, für jede/n Konfi 2x) und Eddings, Tesakrepp, CD-Spieler, ruhige Musik

Stuhlkreis & Einzelarbeit 10 Minuten	*Partnerin dran. Wenn ihr fertig seid, meldet euch bei einem der Teamer. Die sagen euch dann, wie es weitergeht.* • Durchlauf Station der Ratlosigkeit und des Widerspruchs • *Nehmt euch jetzt zwei Zettel und einen Stift. Gebt eurer eigenen Station und eurer gerade gewählten Lieblingsstation einen Namen, indem ihr den Satz vervollständigt: »Beten ist wie …«. Heftet diese Zettel an die jeweilige Station. Wenn ihr fertig seid, setzt euch bitte in den Stuhlkreis.* • Durchlauf Namensgebung • *Jede Station hat jetzt eine ganze Reihe von Namen. Geht – jeder und jede für sich und mit viel Ruhe – alle Stationen ab und schaut euch die Stationsnamen an. Sucht den Zettel, der für euch am ehesten stimmt. Habt ihr ihn gefunden, geht zu einem der Teamer. Die sagen euch dann wie es weitergeht.* • Durchlauf Lieblingsname mit ruhiger Musik im Hintergrund.	m02 und Kugelschreiber, Briefkasten (Karton mit Einwurfschlitz), Briefumschläge, Musik im Hintergrund
	5. Vertiefung II • *Nimm dir einen Briefbogen und einen Umschlag. Schreibe auf den Umschlag deinen Namen und deine Adresse. Auf den Briefbogen schreibst du den Namen, den du dir gewählt hast. Schreib dann einen kleinen Brief an dich, indem du aus deinem Leben erzählst: Wann war das letzte Mal Beten für dich so, wie dieser Name sagt? Wenn du fertig bist, steck deinen Brief in einen Umschlag und wirf ihn in den Briefkasten. Wir schicken euch diesen Brief in einigen Tagen/Wochen/Monaten/Jahren zu.*	
15 Minuten	Pause	
Stuhlkreis 10 Minuten	Karten mit Worten Jesu zum Thema Beten werden ausgelegt. Seht euch in Ruhe diese Karten an. Auf jeder steht ein Satz, ein Abschnitt, den Jesus zum Thema Beten gesagt hat. Eure Aufgabe: Sucht euch eine Karte aus, von der ihr meint, dass sie zu einer unserer Stationen passt, weil dieser Satz Jesu so ähnlich ist wie das, was in der Lernstation aufgebaut wurde. Habt ihr etwas gefunden? Dann klebt diese Karte an die Station. Nehmt euch danach Zeit, die anderen Stationen ein letztes Mal aufzusuchen und sie mit den Karten zu vergleichen, die andere Konfis daran geklebt haben. Kommt danach wieder zurück in unseren Stuhlkreis.	Karten (m03)
Einzelarbeit 10 Minuten	Durchlauf mit Karten	
Stuhlkreis Auswertung 10 Minuten	Wir fragen uns gegenseitig, was wir mit der Zuordnung unserer Karten beabsichtigt haben. »Warum hast du die Karte ausgerechnet dahin gehängt?« Vielleicht bleiben manche Zuordnungen unklar. Dann nehmen wir uns der Fragende und der/die, die das entsprechende Jesuswort an eine Station geheftet haben, noch einmal Zeit, das Wort Jesu in seinem Kontext aufzusuchen. Vielleicht klärt das die Ungereimtheit.	
Stuhlkreis	Ergebnis sichern für das *Jesus-Brett*.	

6. Taufe: Spieglein, Spieglein an der Wand ...

»Von wem lasse ich mir eigentlich sagen, wer ich bin?«

In unserem KU gibt es immer mehr nicht getaufte Konfis. Daraus haben wir drei Konsequenzen gezogen:

1. Wir lassen uns bei diesem Thema viel Zeit.
2. Wir verbinden dieses Thema auf jeden Fall mit der Taufe der Konfis, die getauft werden möchten.
3. Wir ziehen das Thema so weit von der Konfirmation weg, wie es pädagogisch, gruppendynamisch und konfifamilienbedingt möglich ist. Letzteres tun wir deswegen, weil wir die eigenständige Bedeutung der Taufe gegenüber der Konfirmation nicht marginalisieren wollen.

Für uns hat sich Folgendes als recht praktikabel erwiesen: Die Taufe als Thema verbunden mit dem Taufakt bekommt ein angemessenes Gewicht, wenn wir es am Ende des 1. Jahres thematisieren. Wir verbinden es mit dem Abschlussfest des Katechumenenjahres, bei dem natürlich alle Konfis beteiligt sind.

Jetzt aber zum eigentlichen Thema
Taufe ist, theologisch gesprochen, der Ort, an dem mir gesagt wird, wer ich in den Augen meines Gottes bin. Oder mit einer zentralen biblischen Geschichte verdeutlicht: Als Mose im brennenden Dornbusch Gott begegnet, da stellt er diese Frage: »Wer bin ich, Gott?« Und Gott antwortet: »Ich bin mit dir.« Die Taufe ist aus unserer Sicht genau jener Ort, an dem einem Menschen zugesprochen wird: Du bist niemals »Du«, du bist immer »Gott ist mit dir«. Konfis müssen sich an vielen Stellen und von vielen unterschiedlichen Menschen sagen lassen, wer sie sind. In der Schule hören manche: »In meinen Augen bist du eine Vollniete. Dein mathematisches Verständnis ist so groß wie das einer Wühlmaus.« In den Augen mancher Eltern sind Konfis oft anstrengend und schwierig, sie können Konfis häufig nicht mehr das geben, was Konfis von ihnen brauchen.
Wir wollen mit diesen unterschiedlichen Sichtweisen ein wenig spielen und mit den Konfis üben, im Konzert der vielen Stimmen »Ich« zu sagen und

nachzuspüren, wer dieses Ich eigentlich ist. Nicht die Botschaft: »Egal, was die anderen sagen, in Gottes Augen bist du wertvoll« soll bei den Konfis ankommen. Wir glauben, dass dieser Satz Konfis im Besonderen und Menschen im Allgemeinen überfordert. Denn Konfis wollen ja gerade von diesen Leuten hören, dass sie wichtig und richtig sind. Stattdessen wollen wir versuchen, sie die Kraft entdecken zu lassen, die in folgendem Gedanken liegt: »In manchen Stimmen klingt mit, was Gott über dich denkt!« In der Taufe wird diese Stimme Gottes auf besondere Weise und ein für alle Mal zum Klingen gebracht: »Ich habe dich bei deinem Namen gerufen. Du gehörst mir. Du kommst mir gerade recht ...« Diese Stimme unter allen möglichen Stimmen des Alltags herauszuhören und ihr ein Gewicht zu geben, verstehen wir als ein Zurückkehren in die Taufe und als rechte Tauferinnerung.

Die Figuren

Wir entwickeln unser Thema anhand von drei zentralen Figuren:

a) Die Ich-Figur
Zunächst einmal völlig unverdächtig entwerfen die Konfis ein Selbstporträt auf einer großen Pappe. Es besteht aus Wörtern zu Fragen, die wir ihnen vorgeben, aber auch aus gemalten Haaren, Ohren, vielleicht auch aus einem kleinen Körper. Der Fantasie sind da keine Grenzen gesetzt. (Die Fragen, die wir ihnen dabei vorgeben, finden Sie auf m01.) Wichtig ist: Für den Kopf muss ein Loch freibleiben.
Mit diesem Selbstporträt – wenn es fertig ist – spielen wir ein wenig, um schon eine leichte Distanz zu sich selbst herstellen zu können. So können die Konfis am Ende mit ihren Selbstporträtpappen durch den Raum gehen. Einige Spiegel (auf der Gemeindehaustoilette einfach aus der Halterung gezogen und auf einem Stuhl aufgestellt) zeigen ihnen ihr Bild. Sie können die Pappen auch tauschen. Sie laufen dann mit der »Identität« eines/r anderen Konfi durch den Raum. Wichtig: Sie zeigen sich gegenseitig ihre Identitäten, lesen Dinge von anderen, vergleichen, stellen Gemeinsamkeiten fest und Unterschiede. »Ich kann nicht an mir leiden, dass ich immer so perfekt sein muss«, schreibt Bastian (12). Und auf Pauls (12) Kopfplakat steht: »Ich bin richtig gut im Fußball, aber ich kann nicht verlieren.« Am Ende haben sie einen guten Eindruck davon, wer sie in ihren eigenen Augen im Moment sind.

b) Klara und Konstantin Konfi

Im nächsten Schritt ist es hilfreich, geschlechtsspezifische Gruppen zu bilden. Die Mädchen bauen »Klara-Konfi«, die Jungs »Konstantin-Konfi«. Dabei handelt es sich um Umrissfiguren, welche die Konfis durch Bemalen und Beschreiben zum Leben erwecken. Natürlich kann es sein, dass manche »über das Ziel hinausschießen«. So war »Konstantin« in der letzten Gruppe jemand, der schon mit 12 drogenabhängig war und ein Säufer. Aber das macht nichts. Das regeln die Konfis schon selber. Wir müssen nur ein wenig zusehen, dass es nicht ausufert. Am Ende entstehen mit Klara und Konstantin Identitäten, die etwas mit den Ängsten, Träumen und Erfahrungen der Konfis zu tun haben.

Jetzt ist es Zeit, Klara und Konstantin einmal die Meinung zu sagen, sie einem Stimmenkonzert auszusetzen, in dem sie von verschiedenen Personengruppen hören, was die von ihnen denken: »Du bist gar kein richtiger Freund. Du bist nicht ehrlich und auf dich kann man sich nicht verlassen«, sagt die Gruppe dem Konstantin aus Sicht der Freunde. Und sie sagen es sich an bestimmten Stellen auch selbst. »Du bist fürchterlich unordentlich«, bekommt Klara aus der Perspektive der Eltern zu hören. Hier können wir einen Eindruck von den Stimmen bekommen, welche die Konfis selbst hören.

c) Der kleine Zachy

Bis hierhin haben wir intensiv daran gearbeitet, wer »Konfi« in den Augen unterschiedlicher Gruppen ist, auch in den eigenen Augen. Die Geschichte vom Zöllner Zachäus ist sicher schon häufig in der KA verbraten worden. Sie wird Sie an dieser Stelle auch nicht überraschen. In unzähligen Vorstellungsgottesdiensten wurde sie von Konfis nachgespielt, umgesetzt, veranschaulicht.

Das alles hat uns nicht gehindert, hier mit ihr zu arbeiten. Denn sie zeigt auf beeindruckende Weise das komplette Spektrum, das Identität prägt. In Zachäus entdecken wir eine Person, die hart daran arbeiten musste, sich selbst nicht auf das zu reduzieren, was er nun mal in den Augen seiner Umgebung und letztlich seiner selbst war: Ein kleiner Möchtegerngroßer. Wir entschlüsseln die Geschichte vom Zöllner Zachäus unter der Fragestellung: »Von wem lasse ich mir sagen, wer ich bin?« – und zwar in vierfacher Hinsicht. Jede dieser Hinsichten entfalten wir mit Hilfe einer Lernstation, die Sie unter den Materialien m03-m06 genau beschrieben finden.

Der thematische Akzent jeder Lernstation sieht so aus
1. Zachäus am Tor bei der Arbeit. Sein Satz lautet:»Ich muss *haben*, um wer zu sein.«
2. Zachäus will Jesus sehen und kann nicht wegen der Menge: Er will zum *Teil der Menge werden* und bleibt ausgeschlossen (Peergroup).
3. Zachäus auf dem Baum: Zachäus muss sich hochziehen, muss *etwas leisten, etwas können (Leistung)*, um etwas zu erreichen.
4. Zachäus begegnet Jesus: Jesus sieht in Zachäus etwas anderes als andere und auch er in sich selbst.
5. Die Feier Jesu im Haus des Zachäus wird zu unserer Tauffeier. Zu ihrer Gestaltung wollen wir noch ein paar Sätze sagen: Unsere Zachäus-Sätze, aber auch persönliche Sätze werden zu Segensworten an den/die Täuflinge. Auch in diesem letzten Schritt arbeiten wir wieder mit Umrissfiguren. Diesmal sind sie aus Pappe und in eine Reihe von Puzzleteilen zerschnitten. Sie stehen für die konkret zu taufende Person. Das Zusammensetzen vieler unterschiedlicher Puzzleteile zu einer ganzen Person macht unmittelbar klar, dass jeder Mensch notwendig darauf angewiesen ist, darauf zu hören, wer er nun in den Augen anderer Menschen ist. Theologisch relevant scheint aus unserer Sicht zu sein, dass eben ein Puzzleteil – in unserer Gruppe haben wir den Kopf genommen – davon erzählt, wer der Täufling in Gottes Augen ist. (Hier haben wir Unterrichtenden den Satz aus 1 Mose 3 gewählt: Du bist: Gott ist mit dir!). Die Umrissfigur ist das Geschenk der Gruppe an den Täufling.
   • Täuflinge laden zu dieser Feier Menschen ein, von denen sie sich sagen lassen möchten, wer sie in jenen Augen sind (Eltern, Freunde, vielleicht LehrerInnen, PatInnen)
   • Nach dem Taufakt (ebenso möglich als Jahresabschluss): Taufparty auf der Gemeindewiese mit Essen, Trinken, Tanzen.

Die Tauffeier haben wir als sehr bewegend erlebt. Ein paar Beispiele zu den Sätzen, die Konfis und Verwandte auf die Puzzleteile geschrieben haben: »In meinen Augen bist du ein sehr guter Freund.« Eltern: »Manchmal bringst du uns mit deinem Temperament fast um den Verstand. Aber wir lieben dich und freuen uns, dass du für viele andere so sympathisch bist.«

Verlaufsplan: Soundauchanders

Wann und wo	Was	Wie
Plenum 45 Minuten	**1. Öffnungsphase** Impuls durch eine/n Unterrichtenden: *Wer bin ich eigentlich? Was macht mich eigentlich zu dem, wer und was ich bin: Ob ich dick oder dünn bin, ob andere mich nett finden oder doof, ob ich gut im Sport bin oder gute Musik höre und nicht so bescheuere wie andere? Könnt ihr sagen, was euch eigentlich zu diesen Menschen macht, die ihr seid? Wir möchten heute an dieser Frage arbeiten und bitten euch um Folgendes: Nehmt euch Zeit, für euch zu klären, welche Merkmale, welche Eigenschaften eigentlich zu euch gehören. Jede/r bekommt einen Plakatkarton und einen Text mit einer Reihe von Sätzen. Sucht euch einen Platz, an dem ihr ungestört arbeiten könnt. Schreibt dort auf euer Plakat alle wesentlichen und unwesentlichen Dinge, die euch nun einmal zu dem Menschen machen, der ihr seid. Ihr müsst nicht jede Frage auf dem Blatt beantworten. Sie sollen euch nur eine Hilfe sein. Bitte achtet darauf, dass ihr nur Dinge notiert, die auch die anderen wissen dürfen. Wenn ihr wollt, könnt ihr anschließend auch noch euer Plakat bemalen.*	<ul><li>Pro Konfi ein DIN-A1-Plakatkarton in unterschiedlichen Farben mit einem Loch im oberen Drittel für den Kopf</li><li>m01 (Das bin ich)</li><li>3-4 Wandspiegel, im Raum verteilt</li><li>ruhige Musik</li><li>Ein Spiegel</li><li>Eddings oder andere gut lesbare Stifte</li></ul>
Plenum 15 Minuten	**2. Präsentation** *Setzt euch jetzt eure Plakate auf. Steckt euren Kopf einfach durch das Loch und haltet das Plakat mit euren Händen fest. Geht durch den Raum. Findet heraus, wer und was die anderen sind, was für sie wichtig oder unwichtig ist. Nach einer Zeit könnt ihr auch mal tauschen. Nehmt doch einfach dann mal eine andere Identität an. Ihr könnt euch auch in den Spiegeln bewundern und sehen, wer ihr in euren Augen eigentlich seid.*	
2 Arbeitsgruppen geschlechtsspezifisch. Mindestens ein Unterrichtender pro Gruppe ca. 45 Minuten	**3. AG-Phase I »Klara und Konstantin Konfi«** Umrissfigur hängt an der Wand. *Das ist Klara (Konstantin) Konfi. Noch wissen wir nichts über sie. Eure Aufgabe ist jetzt, diese Figur zum Leben zu erwecken. Welche Stärken hat sie, welche Schwächen, welche Freunde, was für Eltern. In welche Schule geht sie, was sind seine Lieblingsfächer? Benutzt dazu die Plakate, die ihr für euch hergestellt habt. Vielleicht können sie euch dabei helfen.*	Umrissfiguren (entweder vorbereitet oder noch von den Konfis zu erstellen; auf Plakatkarton oder Andruckrollen (gibt's in jeder Zeitungsdruckerei umsonst – vorher anrufen!) kleben.

15 Minuten	Pause	
Fortsetzung von AG-Phase I (geschlechtsspezifisch!) 2-3er Gruppen 20 Minuten	**4. AG-Phase II In meinen Augen bist du …** *Ihr seht hier eine Reihe von Schildern. Auf ihnen sind Personen bezeichnet, die eine Meinung davon haben, wer Klara/Konstantin in ihren Augen ist. Arbeitet jetzt zu je 2-3 Personen weiter. Nehmt euch ein Schild und damit eine Personengruppe und überlegt Folgendes: Was denkt diese Personengruppe über Klara/Konstantin? Notiert ein paar Sätze auf euer Schild. Wenn ihr fertig seid, heftet es an eure Umrissfigur.*	m02: Karten (pro Arbeitsgruppe ein Satz Kopien – möglichst auf zwei unterschiedlichen Farben) mit Überschriften: Lehrer/Eltern/Geschwister/Freunde/Feinde/Verwandte/Mitkonfis Stifte
Stuhlkreis 25 Minuten	**5. Entscheidungsphase: Auf wen soll Konstantin/Klara hören?** *Nehmt euch Zeit und lest euch gegenseitig die Sätze vor, die ihr aufgeschrieben habt.* Vorlesen *Wie deutet ihr diese so unterschiedlichen Sätze? Entscheidet euch jetzt: Auf wen von diesen Personengruppen soll Konstantin/Klara hören?* (Bei uns war die einhellige Antwort: »Wir können uns nicht für eine entscheiden. Wenn es aber verlangt ist, dann nur auf die Freunde«.)	
15 Minuten	Pause (während der Pause werden die Zachäus-Lernstationen im Plenumsraum aufgestellt)	
Plenumsraum. Gruppen zu je 4 Personen gehen im Abstand von 3-5 Minuten durch die Stationen. Ca. 45 Minuten	**6. Lernstationen: Der kleine Zachy** *Jetzt habt ihr euch damit beschäftigt, wer ihr in euren Augen seid. Ihr habt Klara und Konstantin mit Leben gefüllt und ihnen aus verschiedener Sicht gesagt, wer sie in wessen Augen eigentlich sind. Jetzt gehen wir noch einen Schritt weiter. Wir beschäftigen uns mit einer Person aus der Bibel. Ihr werdet sie gleich kennen lernen. Und zwar durch die 4 Stationen, die wir in diesem Raum / in folgenden Räumen aufgebaut haben. Nehmt euch Zeit für jede Station. Achtet darauf, dass ihr so lange mit der nächsten Station wartet, bis sie frei ist. Wichtig: Ihr müsst die Reihenfolge einhalten. Viel Spaß.* (Die Teamer nutzen die Wartezeiten, um mit den Konfis über ihre Zettel zu Klara und Konstantin zu reden.) *Wenn ihr durch seid, könnt ihr dann die Ergebnisse für das **Jesus-Brett** festhalten.*	Lernstationen (m03-m06). Möglichst so aufgebaut, dass sie voneinander abgetrennt sind! Jesus-Brett

Wann und wo	Was	Wie
15 Minuten	Pause (Oder: hier Schluss. Taufe dann an einem Extra-Termin oder im Sonntagsgottesdienst)	
Kirche Ab hier alle Taufgäste und eingeladene Gemeinde	**7. Die Taufe - Vorbereitung** Die Kirche ist vorbereitet. Alle Kopfplakate werden aufgehängt. Ebenso die beiden Umrissfiguren Klara und Konstantin Konfi. Beim Taufbecken liegt pro Täufling eine Umrissfigur. Impuls durch den Unterrichtenden: *Bevor wir ... taufen können, wollen wir zusammen unser Geschenk vorbereiten. Ihr seht für jeden Täufling eine Umrissfigur. Daneben liegt aus Pappe ausgeschnitten diese Umrissfigur noch einmal in vielen Puzzleteilen. Bitte tut euch zu zweit zusammen und bearbeitet ein Puzzleteil. Das könnt ihr bemalen und/oder beschriften, wie ihr wollt. Notiert auf eurem Puzzleteil Folgendes: »Das wünschen wir dir ...«; »In unseren Augen bist du ...« Unser Zachäussatz lautet: ...« –* Ihr habt dazu 20 Minuten Zeit. Viel Spaß!	Umrissfigur für jeden Täufling. Dazu eine gleiche Umrissfigur aus Pappe, zerschnitten in Puzzlestücke. Ein Puzzleteil (Kopf) wird nicht vergeben. Das gestalten die Unterrichtenden. Auch die Eltern und PatInnen, FreundInnen und LehrerInnen erhalten je ein Puzzleteil. (Dazu müssen Sie vorher erfragen, wie viele Personen zur Tauffeier kommen wollen!) Falls es mehrere Täuflinge gibt, arbeiten die an der Umrissfigur eines anderen Täuflings mit.
20 Minuten		
	8. Die Taufe – Der Gottesdienst Wir schlagen einen schlichten Taufgottesdienst vor, in dem die Puzzleteile der Eltern, Paten und Mitkonfis (evtl. noch Freunde und Geschwister, Lehrer) vorgelesen werden.	
Hoffentlich draußen auf der Gemeindewiese – solange alle noch können oder wollen.	**9. Die Taufe – die Party**	Kleiner Imbiss mit Getränken und Waffeln/Kuchen, o.Ä.

7. Gott UND das Leiden

Wie packt man solch ein Thema an, ohne dass es einerseits zu theoretisch (»Das Theodizeeproblem bei Leibniz und heute«), andererseits zu platt und vordergründig (»Wenn du Jesus hast, ist alles okay«) wird?
Jugendliche stellen sich die Frage, wie Gott und das Leid, das sie sehen – oder selbst erfahren – zusammenpassen. Manche Jugendliche beantworten sich diese Frage, indem sie ihre Vorstellung von einem liebenden Gott aufgeben. Sie sagen z.B.: »Wenn es Gott gibt, dann darf er doch nicht zulassen, dass kleine Kinder sterben müssen.« Christian sagt: »Als unser Klassenkamerad beerdigt wurde (er hatte Leukämie), habe ich aufgehört, an Gott zu glauben.« Und dann stellt er mir die Frage: »Wie kannst du eigentlich an Gott glauben? Stell dir vor, *dein* Kind stirbt so.«
Wir müssen mit solchen Herausforderungen bei diesem Thema rechnen. Von Unterrichtenden wird hier eine Menge gefordert. Umso wichtiger ist es, sich Folgendes klar zu machen: Das Theodizeeproblem entsteht *innerhalb* der Gottesbeziehung, nicht außerhalb. Nur wer sein Vertrauen auf Gott setzt, hat wirklich ein Theodizeeproblem. Wer das nicht tut, hat »einfach nur« ein Problem mit dem Leiden in der Welt. Deshalb beschäftigen wir uns in unserer Themenerarbeitung mit dem kleinen Wörtchen *»und«:* »Gott *und* das Leiden«. Gott und das Leiden sind in der jüdisch-christlichen Tradition immer in einer rätsel- und geheimnisvollen Verbindung gesehen worden. Darum wollen wir Konfis einen Raum eröffnen, in dem sie das Herstellen dieser Verbindung ausprobieren können.

Die Karten

Wir arbeiten in einigen Schritten mit kleinen Karten. Jeder Schritt hat seine eigene Farbe. Das hört sich kompliziert an, ist es auch – nein, ist es natürlich nicht.
Die Karten haben folgende Funktion:
Keine Äußerung geht verloren. Das ist wichtig, weil in den ersten beiden Schritten: Gott ist wie ... und Leid ist ... viele Äußerungen in den Raum gegeben werden. Aber nicht alle können gewürdigt werden, nicht alle wer-

den in den nächsten Schritten gebraucht. Aus dem Sammelsurium an Äußerungen werden die Konfis Schritt für Schritt ein Konzentrat erarbeiten, mit dem sie arbeitsfähig für die nächsten Schritte sind.

Da wir aber nicht wollen, dass die Gottesvorstellungen und die Leiderlebnisse mancher Jugendlicher nach dem ersten Schritt in den Mülleimer wandern, sind die Karten wichtig. Sie halten die Erfahrungen der Gruppe zum Thema präsent. So können die Konfis in allen Arbeitsphasen, sei es »Kistenbau«, »Museumszeit« oder auch am Schluss bei den »Gebetssätzen« darauf zurückgreifen und ihre Ergebnisse mit den Kartenwänden vergleichen. Sie werden sogar aufgefordert, dies zu tun.

Gott

Einwurf

»Von Gott darf man sich doch kein Bild machen?« Es kann sein, dass Konfis uns genau mit dieser Frage konfrontieren, wenn wir sie mit dem ersten Arbeitsschritt vertraut gemacht haben. Das können wir nicht einfach so beiseite legen. Das muss zur Sprache gebracht werden. Erst wenn wir allen den Weg geöffnet haben, sich auf diese Methode einzulassen, kann es losgehen (vgl. dazu auch die Einheit »Gottesbilder«).

Gott mit einem Gebäude oder einem Tier zu vergleichen, mag zunächst ungewöhnlich klingen. Jugendliche sehen das nach unserer Erfahrung anders – und die Bibel ja eigentlich auch (vgl. z.B. Ps 18,3; Jes 31,4). Ohne Zögern beginnen die Jugendlichen, sich alle möglichen Gebäude oder Tiere vor – und Verbindungen mit ihren Erfahrungen herzustellen. Tatsächlich erhalten die meisten auch Ergebnisse, die sie zufrieden stellen. Bei der Auswertung ist es wichtig, sich und den Konfis viel Zeit zu lassen.

Manche Tiere oder Gebäude werden auch doppelt und dreifach vorkommen: Unsere Konfis haben z.B. das Kirchengebäude häufig erwähnt. Interessant war aber, dass nicht alle damit dieselben Inhalte verbunden haben. Einige haben die »Kirche« gewählt, weil ihnen einfach nichts Besseres eingefallen ist. Andere haben ihre Wahl dagegen so erklärt: »Schließlich wohnt Gott ja in der Kirche!«

Lassen Sie nicht zu, dass Konfis andere Gebäude (Tiere) bewerten nach dem Muster: »Das ist aber ein dämliches Gebäude!« Eine respektvolle Aufmerksamkeit ist nötig, um sich mit seinen Vorstellungen zu öffnen.

Wenn es gelingt, zum Auftakt des Themas diese Phase intensiv zu inszenieren, werden uns die Augen übergehen am Tiefgang mancher Konfi-Erfahrungen.
Nico (13):»Ich habe geschrieben: ein dunkles Schloss mitten in der Einöde. Das ist irgendwie bedrohlich, macht mir Angst, ist aber auch total faszinierend.« Eugen (14):»Ich habe einen Esel aufgeschrieben *(alle lachen)*. Lacht nicht so. Ich meine das ernst. Ein Esel kann schließlich ganz viele Lasten tragen. Gott trägt alle meine Lasten.«

Das Leiden

Wieder arbeiten wir mit Karten, mit Aufschreiben, Notieren.
Damit es nicht langweilig wird, können wir eine kurze Unterbrechung machen, ein kleines Spiel oder einfach eine kurze Pause.
In diesem Schritt arbeiten die Kleingruppen unabhängig voneinander. Sie haben eine gemeinsame Vorgabe – das Stichwort Leiden –, produzieren aber ihr je eigenes Ergebnis, nämlich Assoziationskarten zum Stichwort.
Das anschließende Sortieren der Karten und die Überschriftenfindung sind für die Jugendlichen nicht ganz leicht. Sie müssen nämlich ihre eigenen Kategorien zur Sortierung finden. Dies ist jedoch wichtig, weil sie sich dabei wie von selbst einen Überblick über das komplexe Thema verschaffen. In diesem Prozess werden sie nach und nach erkennen, wie unterschiedlich Menschen Leiden erleben. Bei einigen fängt das mit Akne an, bei anderen erst mit 10.000 Erdbebenopfern.

Wichtig sind deshalb zwei Dinge
- Nicht nur Aufschreiben, sondern Reden. Das gelingt gerade durch Sortieren und Überschriften finden. Sie müssen sich halt als *Gruppe* ein Bild von ihrem Haufen machen.
- Wir Unterrichtenden halten uns besser aus diesem Prozess heraus.
Beispiele:
Eine Gruppe sortiert ihre Haufen nach den Orten, an dem Leid stattfindet:
Zu Hause: Meine Eltern haben keine Zeit.
Bei mir selbst: Ich habe Pickel.
In der Schule: Andere Schüler verkloppen mich gerne. Manche Lehrer sind die Hölle.
In der Welt: Der Konflikt Israel-Palästina war in unserer Gruppe gerade aktuell.

Eine andere Gruppe hat so sortiert
Leid von außen, Leid von innen, kleines Leid, großes Leid.
Marcel (14) bringt es auf den Punkt: »Es gibt eigentlich niemanden, der nicht leidet.«

Das »Und« – Die Leidenskisten

Jetzt bauen die Konfis »Leidenskisten«. Was ist das denn? Es sind einfach Kisten (z.B. Umzugskartons, vgl. die Jenseitskisten in der Einheit »Tot – und was dann?«), in die hinein Konfis ihre Welt des Leidens bauen. Bei diesem Schritt wären die meisten Unterrichtenden bestimmt gern dabei. Uns ist es jedenfalls so ergangen. Am liebsten wären wir ständig durch die Gruppen gelaufen, um mit ihnen über ihre Kisten zu diskutieren. Das Problem haben wir übrigens immer bei unseren Kisten. Wir sehen »nur« das fertige Produkt. Beim Erkenntnisvorgang sind wir nicht dabei. Das ist der Preis, den wir für unser handlungsorientiertes Arbeiten bezahlen müssen. Auf diese Weise erhalten wir aber aller Wahrscheinlichkeit nach ehrliche Kisten, in denen Konfis zeigen, wie sie sich die Sache mit Gott und der Welt denken.
Um die Leidenskisten bauen zu können, müssen sich die Konfis über drei Dinge verständigen:
• Um welche Leidenserfahrungen soll es in unserer Kiste gehen?
• Welches Bild von Gott finden wir hilfreich?
• Wo genau in unserer Kiste muss »Gott« hin?
Die Ergebnisse haben uns beeindruckt: In einer Kiste befindet sich ein Esel mittendrin. Alles Leiden läuft darauf zu. In einer anderen Kiste entdecke ich »Gott« zunächst gar nicht. Nadine weist mich auf den Vorhang in der Ecke hin. »Wir sollten schließlich Gott in unsere Kiste tun. Aber er tut nichts für Menschen, die leiden. Da in der Ecke war noch Platz. Mit dem Leid in unserer Kiste hat er nichts zu tun.«
Es hat uns überrascht, wie ehrlich die Konfis ihre Kisten bauen. Ebenso waren wir davon überrascht, dass die Mehrzahl der Kisten ein Bild zeigt, in dem Gott mittendrin ist.

Ich zeig dir meins – Zeig du mir deins!

Die Konfis sind in aller Regel stolz auf ihre Kisten. Zu Recht reagieren sie sauer, wenn bei der Auswertung manche Details ins Lächerliche gezogen werden. Deshalb ist es jetzt sinnvoll, wenn ein Teamer die Auswertung begleitet und die Konfis auf gegenseitigen Respekt für ihre Produkte hinweist. Bevor wir Gebetssätze formulieren, geben wir als Unterrichtende noch einen »Input«: Wir erzählen in kurzen Sätzen davon, dass das Kreuz, an dem Jesus ermordet worden ist, uns klar macht: Gott hat Leiden am eigenen Leib erlebt. Er weiß – und mehr noch, er fühlt, wie das ist. Wer leidet, kann sicher sein: Gott ist bei ihm. Dafür steht das Kreuz.

Zum Schluss formulieren wir Gebetssätze (weiße Karten). Die nicht unbedingt spektakulären Gebetssätze haben nach unserer Erfahrung für die Konfis Tiefe gewonnen, weil sie durch die vorausgegangenen Stunden gleichsam »erfahrene« Sätze geworden sind. In einen liturgischen Abschluss eingebettet, wird dies für viele Konfis spürbar.

Wiebke: »Wir brauchen dich in der Schule«

Avila: »Warum kann ich nicht glücklich sein?«

Simon: »Gibt es dich wirklich? Dann komm zu uns nach Hause und hilf meinem Vater.«

Bevor die Konfis nach Hause gehen, geben wir ihnen noch einen Kreuzumriss mit (m01). Wer will, kann bis zum nächsten Mal Bilder in den Umriss kleben. Diese Kreuzeszeichen heften wir dann an das *Jesus-Brett.*

Soundauchanders

Wann und wo	Was	Wie
Einstieg Insg.: 60 Minuten Plenum	• **Impuls 1:** »Wenn Gott wie ein Gebäude wäre, wäre er am ehesten wie ein ...« Notiert eure Antwort auf eine blaue Karte. »Wenn Gott wie ein Tier wäre, wäre er am ehesten wie ein ...« Notiert eure Antwort auf eine gelbe Karte. Nach ca. 5 Minuten legen alle ihre Karten in die Mitte. Gleiche Antworten werden zusammengelegt. Dann hat jeder die Gelegenheit, seine Antwort zu interpretieren. Jeder heftet dann seine Karten an eine Wand.	Blaue Karten Gelbe Karten Tesakrepp für die Karten
Insg.: 45 Minuten Gruppenarbeit zu je 5 max. 8 Pers. Die Gruppen bleiben bestehen bis	• **Impuls 2:** *Mit wem wollt ihr die nächsten Schritte zusammenarbeiten? Findet euch zu Gruppen mit je 4 bis 5 Personen zusammen.* *Überlegt, welche Leiderfahrungen es auf der Welt gibt. Das können ganz kleine und unbedeutende sein, aber auch große und schwere. Notiert alles, was euch einfällt, auf grüne Karten.* *Ordnet dann alle, die ähnlich sind, zusammen.* *Gebt dann den verschiedenen Haufen, die zusammenkommen, Namen. Schreibt diese Namen auf rote Karten.* *Heftet eure Haufen an eine Wand mit der roten Karte als Überschrift*	Grüne Karten Rote Karten Tesakrepp für die Karten
[15 Minuten] zum Ende der Einheit. Jede Gruppe erhält einen Gruppenraum. Der Plenumsraum ist den Unterrichtenden vorbehalten.	[PAUSE]	
Erarbeitung	• **Bau einer Leidenskiste** *Entscheidet euch jetzt für eine rote Karte. Baut zu dieser Leidensüberschrift eine*	Kreativzeugs wie bei den Jenseitskisten (s. Tot – und dann?), dazu

Insgesamt: ca. 90 Minuten	»Leidenskiste«. Welches Material ihr verwendet, entscheidet ihr selbst. Wenn ihr fertig seid, meldet euch bei einem Teamer. Die können euch sagen, wie es weitergeht. Kistenbau in Kleingruppen und in Gruppenräumen. Wenn die Konfis sich bei uns nach der Fertigstellung ihrer Kiste melden, stellen wir ihnen folgende Aufgabe: Irgendwie müsst ihr noch Gott in eure Kiste einbauen. Diskutiert in eurer Gruppe, in welcher Beziehung Gott zu dem Leid in eurer Kiste steht. Die blauen und gelben Karten helfen euch. Ihr findet sie im Plenumsraum. Entscheidet euch für ein Symbol Gottes. Baut das Tier/Gebäude nach und fügt es in eure Kiste ein. Wichtig: Gott darf nicht außen vor bleiben! Eure Kiste sollte von außen unbeschriftet und unbebaut sein.	noch Holzreste aus dem Baumarkt. Je Gruppe eine Kiste (z.B. eine Umzugskiste).
15 Minuten	[PAUSE]	
Auswertung Insg.: 30 Minuten Gruppenräume	• **Ich zeig dir meins, zeig du mir deins** Je ein Gruppenvertreter kommt in den Plenumsraum. Gemeinsam wird Folgendes überlegt: »Ich zeig dir meins, zeig du mir deins«. Je zwei Gruppen tun sich zusammen, um sich gegenseitig ihre Kisten zu beschreiben.	
20 Minuten	• **Auswertung 1** Entscheidet euch für einen Gruppenraum. Schaut euch in Ruhe die Kiste der anderen Gruppe an. Sprecht dabei möglichst nicht. Entscheidet, welche Gruppe zuerst beschreiben darf. Beschreibt, was ihr gesehen habt. Diese Fragen können euch bei der Auswertung helfen: 1. Welches Leid sehe ich in der Kiste? 2. Wo ist Gott in der Kiste? Die Gruppe, die jetzt zugehört hat, darf ihre Kiste nun erklären. Gibt's noch Fragen?	
10 Minuten	• **Auswertung 2** Schreibt bitte auf die Kiste der anderen Gruppe einen Satz: »Wenn ich Gott in dieser Kiste sehe, fällt mir Folgendes ein:«	Stifte

Plenum Insg.: 20 Minuten	**• Auswertung 3** Alle Kisten werden in den Plenumsraum gebracht. Alle grünen und roten Karten werden an die Wände geklebt. Der Plenumsraum wurde von der Leitung vorher atmosphärisch schön hergerichtet.	Weiße Karten
15 Minuten	Museumszeit: *Tut euch zu zweit zusammen. Ihr habt jetzt noch einmal Zeit, euch auch die anderen Kisten anzusehen, die ihr noch nicht kennt. Erzählt euch gegenseitig, was ihr seht. Überlegt, welchen Satz ihr Gott sagen würdet, wenn ihr die Kisten seht. Notiert ihn auf einer weißen Karte. Legt diese dann in die Mitte auf den Boden.*	
5 Minuten	**• Das Kreuz** Wir erzählen in kurzen Sätzen davon, dass das Kreuz, an dem Jesus ermordet worden ist, uns klar macht: »Gott hat Leiden am eigenen Leib erlebt. Er weiß – und mehr, er fühlt, wie das ist. Wer leidet, kann sicher sein: Gott ist bei ihm. Dafür steht das Kreuz.« **• Abschluss** *Wir haben einige Sätze zu unseren Kisten notiert. Sie liegen jetzt vor uns im Kreis. Diese können wir jetzt sprechen bzw. hören als ein Gebet. Ich beginne, und jeder, der möchte, spricht dann jeweils einen Satz. Am Ende schließe ich mit Amen. »Guter Gott, wenn wir jetzt sehen, welches Leid Menschen in der Welt erfahren, dann denken wir ...«*	
Kirche	**• Jesus-Brett** Die Konfis nehmen m01 mit nach Hause. Wer will, kann Bilder in den Kreuzesumriss auf m01 kleben oder malen. Wer sein Bild mitbringt, kann es an das Jesus-Brett hängen. Achtung – wichtig: Versuchen Sie, die andere Gruppe, die ebenfalls an dem Jesus-Brett arbeitet, zum Nachfragen zu bewegen: »Was bedeuten diese Kreuze?« Lassen Sie diese Gruppe die Frage klären und jemanden zur Erklärung entsenden.	m01
	• Präsentation Die Kisten können im nächsten Gemeindegottesdienst in der Kirche ausgestellt werden. Möglich für die Gemeinde ist: • eine Museumszeit (dazu gibt's ein Orgelstück). Die Konfis stehen bei ihren Kisten und können Fragen beantworten. Alle Karten kleben an den Wänden der Kirche. • Die Sätze auf den weißen Karten können das Fürbittengebet des Sonntags bilden.	

8. Abendmahl: Zeig mir dein Gesicht. Ein Spiel um Schuld, Bestrafung, Wiedergutmachung und Vergebung

Bestrafen, vergeben, wieder gutmachen – das kennen Jugendliche und Erwachsene nur zu genau. Jeder hat da seine persönlichen Mechanismen und Vorlieben entwickelt. Was für ein Typ sind Sie? Wie gehen Sie mit Schuld um? Bestrafen Sie ganz gern Menschen, die an Ihnen schuldig geworden sind? Oder ist Vergebung Ihr Ding? Oder erwarten Sie Wiedergutmachung? Wahrscheinlich liegt Ihnen – wie uns – mal das eine, mal das andere näher. Nehmen Sie sich doch einen Moment Zeit und kramen Sie in Ihrem Gedächtnis nach Geschichten zu Bestrafung, Vergebung und Wiedergutmachung ... Erfolg gehabt?
Bei Konfis läuft das oft so ab: Da gibt es z.B. das Wiedergutmachungsangebot: »Du kannst mal mit meinem Handy telefonieren.« In diesem Satz steckt oftmals der ganze Abgrund von Schuld und Schuldverstrickung. Zugleich ist in diesem Angebot die Wiedergutmachung enthalten und der Wunsch, dass alles wieder so ist wie vorher. In der Regel gelingt dies. Jugendliche haben damit viele Erfolgserlebnisse.

Bei diesem Thema steigen wir mit ein bisschen Theorie ein. Es ist uns wichtig, Ihnen zu verdeutlichen, warum wir so arbeiten, wie wir arbeiten. Denn wir vermuten, dass unser Zugang erst auf den zweiten oder dritten Blick einleuchtet. Wir halten die ganze Sache aber kurz und beschränken uns auf ein paar Thesen, die unseren Zugang formulieren. Wenn Sie Ihre gerade gefundenen Geschichten beim Lesen im Kopf behalten, können Sie leicht nachvollziehen, worum es uns geht. Also:

Ein paar Thesen zur Sache

Schuld
1. »Schuld« ist eine Kategorie, mit deren Hilfe eine erlebte oder nur wahrgenommene Verletzung, Schädigung oder Beschädigung von Personen, Institutionen oder Gegenständen gedeutet wird.

2. Diese Deutekategorie Schuld ist nur eine mögliche unter anderen Kategorien, mit deren Hilfe der gleiche Sachverhalt anders gedeutet werden könnte. Bestimmte Lebenszusammenhänge legen die Anwendung der Kategorie »Schuld« nahe oder erfordern sie geradezu (z.B. Gerichtsverfahren). In anderen Lebenszusammenhängen kommt diese Kategorie nicht oder nur am Rande zur Anwendung (z.B. Beratungsprozesse, Therapien).

3. Wer die Kategorie Schuld zur Deutung eines Sachverhalts einführt, reduziert dadurch dessen Komplexität: Er bzw. sie teilt beteiligte Parteien auf eindeutige Weise und in parteiischer Absicht in verantwortliche TäterInnen einerseits und verletzte und geschädigte Opfer andererseits. Hintergründe und Gründe, die zu der jeweiligen Verletzung oder Schädigung geführt haben, werden bei dieser Einteilung z.B. ausgeblendet.

4. Wer die Kategorie Schuld zur Deutung eines Sachverhalts einführt, stellt dadurch zugleich spezifische Handlungsoptionen für die beteiligten Parteien in den Raum: Bestrafung, Vergebung und/oder Entschädigung. Diese Handlungsoptionen kehren die durch die Deutekategorie Schuld eingeführte Rollenverteilung in TäterInnen und Opfer um. In dieser Umkehrung zielen sie auf einen Ausgleich unter den beteiligten Parteien.

Vergebung

1. Die Handlungsoption Vergebung kann – anders als die anderen Handlungsoptionen – nur von durch den jeweiligen Sachverhalt betroffenen Parteien gewählt werden. Sie kann nicht an unbeteiligte Dritte delegiert werden. Bestrafen kann ein Gericht, Wiedergutmachen kann eine Versicherung, Vergeben können nur Beteiligte selbst.

2. Wer die Handlungsoption Vergebung wählt, intendiert für sich selbst, für die anderen beteiligten Parteien und/oder für die Beziehung unter den beteiligten Parteien die Eröffnung einer Zukunft, die nicht einseitig durch die Schulderfahrung bestimmt bleibt. Er bzw. sie zielt auf Freiheit von der Vergangenheit dieser Erfahrung um einer entlasteten Zukunft willen.

3. Die Handlungsoption Vergebung kann von jeder beteiligten Partei gewählt werden. Ob das durch diese Wahl intendierte Ziel allerdings erreicht wird, liegt ausschließlich in der Hand des Opfers. (Darin zeigt sich die oben genannte Umkehrung der Rollen; vgl. 4.) Allein das Opfer kann für sich selbst, für andere beteiligte Parteien und/oder für die Beziehung unter den beteiligten Parteien die intendierte Freiheit gewinnen, indem er oder sie sich im Akt der Vergebung bereits als Freier oder Freie zeigt.

4. In dem ungeschuldeten und souveränen Akt der Vergebung entlässt der bzw. die Vergebende sich selbst und den Täter bzw. die Täterin aus ihrer jeweiligen Rolle.

Schuld und Vergebung in Bezug auf das Gottesverhältnis

5. Die Bibel deutet das komplizierte und letztlich undurchschaubare Geflecht von Verletzungen, Schädigungen oder Beschädigungen von Personen, Institutionen oder Gegenständen durchgängig auch als Schuld gegenüber Gott, indem sie ihn als den Urheber der durch die Verletzungen, Schädigungen oder Beschädigungen missachteten Gebote darstellt.

6. Diese Deutung leistet zweierlei: Zum einen beschreibt sie den Menschen als Wesen, dem eine letzte Verantwortung für sein Verhalten zugemutet werden kann und muss. Dadurch gewinnen Opfer ein ultimatives Recht auf klare Parteilichkeit. Zum anderen macht die Einführung der Deutekategorie Schuld in die Gottesbeziehung Gott zu einer vom jeweiligen Sachverhalt betroffenen Partei. Erst dadurch wird Vergebung zu einer Handlungsoption in der Gottesbeziehung (s.o. 5.). Wäre Gott nicht betroffene Partei, blieben ihm allein die Optionen unbeteiligter Dritter: Bestrafung und/oder Entschädigung.

Konfirmandinnen und Konfirmanden und das Thema »Schuld und Vergebung«

7. Viele Konfirmandinnen und Konfirmanden sind geübt im Gebrauch der Deutekategorie Schuld für erlebte oder auch nur wahrgenommene (wo ist der Unterschied?) Verletzungen, Schädigungen oder Beschädigungen von Personen, Institutionen oder Gegenständen. In der Regel sind sie sich allerdings nicht darüber im Klaren, dass es sich bei der Anwendung dieser Kategorie um einen Deutungsvorgang handelt, durch den nur eine von einer Reihe von möglichen anderen Wirklichkeiten konstruiert wird.

8. Viele Konfirmandinnen und Konfirmanden sind geübt im Gebrauch der Handlungsoptionen Bestrafung und/oder Entschädigung beim Umgang mit einer Schuldsituation. Diese Handlungsoptionen entsprechen dem Stand ihrer moralischen Entwicklung, der typischerweise durch den Satz »do ut des« geprägt ist. Die Handlungsoption Vergebung im Sinne eines ungeschuldeten, souveränen Aktes der Freiheit (s.o. 6.-8.) steht ihnen in aller Regel nur anfänglich oder auch nur in Form einer diffusen Sehnsucht zur Verfügung. Für viele steht diese Handlungsoption unter einem Schwächeverdacht.

9. Die für die Bibel typische Verbindung von Schuld gegenüber dem bzw. der Nächsten und Schuld vor Gott leuchtet vielen Konfirmandinnen und Konfirmanden nicht ein. Schuld ist für sie eine Deutekategorie in der Horizontalen, nicht aber in der Vertikalen. Dies hat vielfältige Gründe, von denen an dieser Stelle nur drei genannt werden sollen:

- Viele Jugendliche verstehen sich selbst nicht als in einer Gottesbeziehung stehend.
- Ein nicht unbeträchtlicher Teil der Jugendlichen, die sich selbst als in einer Gottesbeziehung stehend begreifen, verstehen ihren Gott aber nicht als Urheber von Handlungsmaximen, denen sie in ihrem Alltag zu folgen hätten. Wenn es Gott gibt, ist er häufig der »liebe Gott«.
- Darüber hinaus begegnet Pfarrerinnen und Pfarrern in diesem Sachverhalt auch die Wirkungsgeschichte der theologischen Entscheidung, »moralische« Schuld auf der einen Seite und »theologische« Sünde auf der anderen Seite mehr oder weniger radikal zu unterscheiden, um eine Moralisierung des Sündenbegriffs und des Gottesverhältnisses zu vermeiden.

Aufgabenstellungen für die Konfirmandenarbeit

1. Schuld als eine Deutekategorie unter anderen entschlüsseln. Ihre Leistungsfähigkeit (Handlungsoptionen schaffen durch Komplexitätsreduktion, Verantwortlichkeiten herstellen, Partei für Opfer ergreifen) und ihre Grenzen (Bestimmte Handlungsoptionen können auf Dauer auf die Schuldsituation festlegen) aufzeigen.
2. Vergebung als Handlungsoption der Freiheit und Souveränität profilieren, den Schwächeverdacht ausräumen.
3. Gottes Option für die Opfer einerseits und für Vergebung andererseits herausstellen.

Mit unserem Entscheidungsspiel um Schuld und Vergebung versuchen wir, diese Aufgabenstellungen anfänglich anzugehen. Uns ist völlig klar, dass wir die formulierten Aufgaben mit unserem Spiel nicht lösen. Wir gehen – vielleicht, hoffentlich – einen Schritt auf dem Weg zu ihrer Lösung. Unsere Erfahrungen mit dieser Einheit haben uns Mut gemacht. Denn sie haben uns gezeigt, dass dieser eine (oder manchmal auch diese zwei) Schritt(e) in die unserer Ansicht nach richtige Richtung gehen. Also, wie sieht die Themenerarbeitung denn nun konkret aus?

Die Lernstationen

Um die Handlungsoptionen Vergebung, Wiedergutmachung, Bestrafung zu veranschaulichen, bauen wir zu jeder Option Lernstationen auf. Durch sie bekommen Konfis ein gutes Gespür dafür, wie sie selbst mit Schuld umgehen. Sie entdecken dabei neu, dass die Option Vergebung einfach gut tut, auch wenn sie scheinbar nicht so häufig im Leben vorkommt wie die anderen beiden Optionen. (»Jeder weiß, was Vergebung ist, aber keiner weiß, wie das geht.«) Wir möchten die drei Mechanismen offen legen, im Kopf von Konfis verankern, sozusagen ihre Kompetenzen im Umgang mit Schuld herausarbeiten und zugleich die Option Vergebung als eine für ihr Leben relevante Handlungsoption ans Tageslicht bringen. Das bedeutet allerdings nicht, dass Konfis im Sinne einer theologischen Reduktion die Optionen »bestrafen« und »wieder gutmachen« zu Gunsten von »Vergebung« *verlernen* sollen. Vielmehr geht es uns darum, das Wissen um Vergebung als eine (wesentliche) Handlungsoption im Umgang mit Schuld neben anderen ins Bewusstsein zu heben. Einander zu vergeben, geschieht ja tatsächlich häufig genug. Gruppenleben wäre sonst kaum möglich. Aber häufig ist den Konfis gar nicht bewusst, dass sie selbst und andere gerade davon leben.

Das Spiel

Das Entscheidungsspiel ist von seiner Idee her eigentlich ein »Was wäre, wenn ...«. Spielerisch und sehr frei variieren wir die Geschichte vom verlorenen Sohn aus Lukas 15 und fragen uns: Was wäre eigentlich, wenn der Vater dem Sohn nicht sein Erbteil gibt? Oder: Was wäre eigentlich, wenn der Sohn sein Erbteil sinnvoll gebraucht, um sich eine eigene Existenz zu schaffen? Diese und ähnliche Fragen haben uns veranlasst, den »verlorenen Sohn« zu verfremden: ihm eine zeitgemäße Gestalt (Jenny) zu geben – und den Konfis die Entscheidungsmöglichkeiten, selber für die Zukunft Jennys zu sorgen. Wie im richtigen Leben, so müssen auch hier Entscheidungen getroffen werden, die das Leben vollkommen verändern könnten, die sich nicht mehr rückgängig machen lassen oder die zeigen, dass manches im Leben nur durch Kompromisse zu meistern ist. Das macht das Spiel spannend – es ist eben nicht im Vorhinein klar, welche Konsequenzen diese Entscheidung jetzt im Leben von Jenny haben wird.
Unsere Konfis sind hier motiviert mitgegangen. Sie haben mit Jenny gelitten und haben sich gefreut, wenn sie ihr Leben meistert. Wie schon in anderen Themenerarbeitungen, z.B. bei den Umrissfiguren zum Thema

»Taufe«, so wird auch hier eine künstliche Figur zum Statthalter von eigenen Handlungen. Die Konfis schärfen auf diese Weise ihr Empfinden für Schuldzusammenhänge. Denn egal, für welche Variante sie sich entscheiden (sie merken übrigens nicht, dass wir hier den verlorenen Sohn verarbeitet haben, noch nicht einmal, wenn sie sich für jenen Strang der Geschichte entscheiden, der genau dies nacherzählt), es geht immer darum, wie in Beziehungen mit Schuld umgegangen wird. Das Spiel ist dabei mit dem Ende noch lange nicht vorbei. Sie wollen von den anderen genau wissen, wie die sich entschieden haben, was sie bei dieser oder jener Aufgabe gemacht haben und zu welchem Ergebnis sie gelangt sind.

Das Abendmahl

Das Abendmahl ist theologisch gesprochen der Ort, an dem Menschen sich ihrer Beziehung zu Gott vergewissern können. Wenn es stimmt, was in den Einsetzungsworten gesagt wird: ... »zur Vergebung eurer Sünden« dann lässt sich Folgendes daraus schließen: Wenn es um die Beziehung zwischen Gott und Mensch geht, dann geht es um Vergebung, nicht um Bestrafung, nicht um Wiedergutmachung.

Hier ist tatsächlich ein qualitativer Unterschied zur Beziehung zwischen Menschen, bei denen es nicht immer um Vergebung geht, wo es ja auch nicht immer angezeigt ist, die Option Vergebung zu wählen. Es ist eben kein Merkmal von Christinnen und Christen, dass sie immer und zu jeder Gelegenheit anderen vergeben können. Wir können nicht so tun, als könnten wir tiefe Wunden und Verletzungen durch Vergeben wegwischen. Allerdings wissen Christinnen und Christen darum, dass Gott dies von sich aus so entschieden hat.

Interessanterweise haben nach unserem Kenntnisstand fast alle Unterrichtsmaterialien zum Thema Abendmahl diese theologische Kernaussage einfach verschwiegen. Sie beschäftigen sich lieber mit dem Aspekt »Gemeinschaft« oder mit dem Aspekt: »Woher kommt das Abendmahl?« oder »Wir backen gemeinsam Brot, fassen uns an die Hand und haben uns lieb!« Es stimmt: So vorzugehen, ist tatsächlich einfach. Weiter stimmt es, dass wir diese Aspekte nicht behandeln. Wir nehmen in Kauf, dass wir das Abendmahl nicht von allen Seiten her angemessen beleuchten können. Wir tun dies aber umso lieber, als wir mit dem Aspekt »Schuld und Vergebung« zum Kern unseres Glaubens vorstoßen. So feiern wir den Abschluss dieser Einheit bewusst als Beichtgottesdienst.

Der Beichtgottesdienst

Mehrere Elemente kommen hier zusammen und werden mit der Feier des Abendmahls vertieft:

a. Das Tragen eines schweren Steins: Symbol dafür, dass Schuld uns zu schaffen macht, unsere Kraft raubt wie ein schwerer Stein.

b. Das Ablegen des Steins zu einem Altar: Konfis merken körperlich, dass sie ihre Schuld Gott abgeben können. Daraus einen Altar zu bauen erscheint uns theologisch angemessen. Denn mit jedem Gottesdienst inszenieren wir ja das Beziehungsgeschehen zwischen Gott und uns.

c. Das Verlesen von Lukas 15: Es ist jedes Mal wieder ein Aha-Erlebnis für die Konfis, wenn sie merken, dass sie 2-3 Stunden an dieser Geschichte gearbeitet und über das Schicksal des verlorenen Jennysohns entschieden haben. Enorm wichtig ist der Übergang durch den Unterrichtenden nach der Geschichte.»Gott ist wie dieser Vater. Wenn es um Schuld geht, dann geht es bei ihm immer um Vergeben, nie um Bestrafen oder Wiedergutmachen.«

d. Handauflegen: Der persönliche Zuspruch der Vergebung war aus Sicht unserer Konfis der bewegendste Moment im Laufe der KA. Wichtig ist dabei der Angebotscharakter. Niemand soll gezwungen werden, sich darauf einzulassen. Allerdings gab es in unseren Gruppen bisher immer höchstens 2-3 Konfis, die dies abgelehnt haben. Wir wählen folgende Formulierung:»Gott nimmt dir deine Schuld ab. Du sollst sie nicht mehr tragen. Zwischen Gott und dir gilt: Vergeben und Vergessen!«

e. Die Einsetzungsworte: Brot und Saft werden von Teamern hereingebracht und auf den Altar der Schuldsteine gestellt. Auf einmal ist den Konfis alles klar: Der Satz »zur Vergebung eurer Sünden ...« hat jetzt eine Qualität persönlicher Erfahrung bekommen. Konfis haben gelernt, was es bedeutet, als christliche Gemeinde das Abendmahl zu feiern, eben als eine Gemeinschaft von Sünderinnen und Sündern, für die gilt: Vergeben und vergessen.

Verlaufsplan: Soundauchanders

Wann und wo	Was	Wie
Plenum 10 Minuten	**1. Einstieg** **Die Lernstationen »Bestrafen«, »Wiedergutmachen«, »Vergeben«** *Bitte überlegt Folgendes: Da ist jemand, den ich gern habe. Ihr trefft euch regelmäßig. Vielleicht sogar eine Freundin, ein Freund. Doch es kommt, wie es kommen muss. Diese Person hat euch mit Worten schlimm verletzt. Sie hat etwas getan, was euch sehr wehgetan hat.* *Wenn ihr solche Situationen kennt – vielleicht seid ihr ja selber manchmal dieser Freund, diese Freundin – dann erzählt doch mal, wie es euch damit ergangen ist.* Unterrichtende warten Spontanreaktionen ab. Die einzelnen Erzählungen bleiben unkommentiert. Nur sammeln. Nicht länger als 5 Minuten. Impuls durch Unterrichtende: *Wir glauben, dass es drei Arten gibt, mit solchen Situationen umzugehen. Ihr kennt diese drei Arten, weil ihr sie selber schon häufig benutzt habt: Ihr könnt in solchen Situationen entweder den anderen bestrafen, auf Wiedergutmachung warten oder einfordern und ihr könnt ihm vergeben. Wir möchten euch jetzt bitten, eine dieser Möglichkeiten genauer unter die Lupe zu nehmen und einen Raum dazu zu gestalten. Angenommen, ihr entscheidet euch für Bestrafen. Dann wäre es eure Aufgabe, einen Raum zu bauen, in dem die anderen erleben können: »Wie ist es eigentlich, bestraft zu werden oder jemanden zu bestrafen?« Genauso mit den beiden anderen Möglichkeiten. Ihr könnt nur eine Station in eurem Raum aufbauen oder auch mehrere. Sie können miteinander zu tun haben oder auch nicht. Ihr könnt alles Material benutzen, was ihr im Haus findet. Es muss hinterher nur wieder an seinen Platz. Und am Ende unserer Arbeit muss unser Haus wieder so aussehen wie jetzt. Ihr habt dafür maximal bis _____ Uhr Zeit. Wenn ihr fertig seid, kommt bitte in unseren Raum zurück. Wenn ihr zwischendurch etwas braucht, meldet euch bei einem Teamer. Wir helfen euch gern weiter.*	Alles Kreativzeugs
45 Minuten	Konfis teilen sich in Gruppen auf, indem sie sich um einen der in drei Raumecken ausgelegten Zettel (m01) versammeln. Größer als ein Drittel der Gruppe darf die Arbeitsgruppe nicht werden.	m01, 3 Räume
15 Minuten	Aufbau der Stationen. Die Unterrichtenden unterstützen die Konfis dabei, alle Materialien zu besorgen, die sie für den Aufbau ihrer Station benötigen. Durchlauf durch die Stationen. Vor dem Durchlauf ist noch zu klären: Braucht ein Raum Begleitung?	

15 Minuten	Wie viele Personen dürfen gleichzeitig in dem Raum sein? Will die Gruppe noch etwas zu ihrem Raum sagen (nichts Deutendes; nur bezogen auf den Durchlauf)?	
	Pause	
Kleingruppen zu je 5-6 Personen ca. 90-120 Minuten	**2. Erarbeitung** **Das Spiel: Zeig mir dein Gesicht** **Eine moderne Adaption der Geschichte vom »verlorenen Sohn«:** **Die Geschichte von Jenny und 5000 €** Die Konfis finden sich in Kleingruppen zusammen. Unterrichtende führen kurz in das Spiel ein (dabei hilft ihnen die Karte »01 – Anleitung«; auf keinen Fall den Szenenaufbau vorstellen!).	mO2 Spiel: Zeig mir dein Gesicht. Ein komplettes Spiel pro Kleingruppe, jede Karte ausgedruckt und in einen Umschlag gesteckt. Material zum Spiel, jeweils auf den Karten verzeichnet.
Plenum 30 Minuten	Nach dem Spiel kommen die Konfis in den Plenumsraum zurück. Zuerst gibt es eine kurze Stimmungsrunde: Wie habt ihr das Spiel erlebt? Gab es irgendwo Störungen? Usw. Dann wird eine Folie des Szenenaufbaus auf den OHP gelegt. Jede Gruppe lässt durch einen Sprecher/eine Sprecherin und in unterschiedlichen Farben auf der Folie den Weg nachzeichnen, für den die Gruppe sich entschieden hat. Anschließend liest der Sprecher/die Sprecherin das Produkt vor, das am Ende des Spiels in der Gruppe entstanden ist. Die anderen Gruppen können nachfragen, diskutieren, erklären, warum sie vielleicht einen anderen Weg gegangen sind oder etwas anderes geschrieben haben. Entweder so weiter oder mit dem Beichtgottesdienst unter 3.: Anschließend verteilen die Unterrichtenden noch eine Kopie des Szenenaufbaus. Impuls: *Ich lese euch eine Geschichte vor. Ihr werdet merken: Irgendwie ist das auch die Geschichte von Jenny – und irgendwie auch wieder nicht. Denn es kommen andere Personen darin vor. Ich bitte euch um Folgendes: Versucht doch einmal auf eurer Kopie den Weg einzuzeichnen, den die Hauptperson der Geschichte in dieser Version geht.* Vorlesen der Geschichte vom verlorenen Sohn (Gute Nachricht). Am Ende der Geschichte Impuls der Unterrichtenden: *Tauscht euch mit eurem Nachbarn oder eurer Nachbarin darüber aus, welchen Weg ihr auf dem Zettel eingetragen habt. Habt ihr den gleichen Weg gewählt? Gibt es Unterschiede? Wie sind die zustande gekommen?* PartnerInnenarbeit für höchstens fünf Minuten.	Folie des Szenenaufbaus (Karte »00 – Szenenaufbau« in mO2; zunächst auf zwei DIN-A4-Blätter ausdrucken, dann mit Kopierer auf eine DIN-A4-Folie verkleinern), OHP-Stifte Kopie des Szenenaufbaus auf DIN-A4-Blättern. Stifte. Bibel

Wann und wo	Was	Wie
	Dann nochmaliges Lesen der Geschichte. Beim Lesen zeichnet eine Teamerin den Weg des verlorenen Sohnes auf der Jenny-Folie nach. Impuls der Unterrichtenden: *Diese Geschichte hat Jesus erzählt. Wer die Geschichte gehört hat, hat begriffen: Wenn es um Schuld geht, wählt Gott die Möglichkeit Vergeben – wie der Vater in der Geschichte. Bestrafen oder Wiedergutmachen – darum geht's bei ihm nicht.*	
Alle gehen zur Kirche. (im Altarraum im Stuhlkreis oder auf dem Boden (wenn die Gruppe das kann). 45 Min.	**3. Vertiefung: Der Beichtgottesdienst** • Jede/r nimmt einen Stein und geht zur Kirche/Gemeindesaal. In der Kirche angelangt, bildet die Gruppe einen großen Halbkreis im Altarraum. Der Stein bleibt in der Hand • Impuls: *Der Stein steht für eure persönliche Schuld, Geschichten, die nur ihr kennt. Er steht auch dafür, dass Schuld einen so drücken kann wie dieser Stein. Haltet ihn noch einen Moment in der Hand und geht euren Schuldgeschichten dabei nach. Wenn es gut ist, dann legt ihn in der Mitte ab. Wir bauen die Steine aufeinander auf zu einem Altar.* • Warten, bis alle ihre Steine abgelegt haben. • *In der Bibel gibt es eine Geschichte, die Jesus erzählt. Es ist die Geschichte von Jenny, die ihr jetzt gut kennt. Jesus erzählt sie, um zu zeigen, wie Gott mit Schuld umgeht.* • Lesen von Lukas 15. • *Gott ist wie dieser Vater. Wenn es um Schuld geht, dann geht es bei ihm immer um Vergeben, nie um Bestrafen oder Wiedergutmachen.* • *Wir bieten euch an, jedem und jeder, die das möchte, die Hand aufzulegen und euch die Vergebung eurer Schuld zuzusprechen. Wenn ihr nicht wollt, gebt uns ein Zeichen.* Zuspruch der Vergebung unter Handauflegung: *Gott nimmt dir deine Schuld ab. Du sollst sie nicht mehr tragen. Zwischen Gott und dir gilt: Vergeben und Vergessen!* • Einsetzungsworte. Feier des Abendmahls • Gebet • Segen	• Pro Konfi einen schweren (Ziegel-, Klinker)Stein. • Ausreichend Fladenbrot und Traubensaft • Abendmahlsgeräte
Aufräumen 10 Minuten	Einige richten die Kirche wieder her, bringen die Steine weg, eine weitere Gruppe sichert Ergebnisse für das **Jesus-Brett**: Abschrift oder Kopie von Lukas 15 mit einer Überschrift, die Konfis entwerfen.	

9. Credo – so denke ich mir die Sache mit Gott!

Können Sie dem, was Sie im Credo sonntags aussprechen, vollständig und rückhaltlos zustimmen? Wie ist das mit den Sätzen »... geboren von der Jungfrau Maria« oder »... die heilige christliche Kirche« oder »den Allmächtigen ...«?

Vielleicht sagen Sie jetzt: »Ich muss oder ich will gar nicht jede einzelne Aussage des Bekenntnisses vollständig und rückhaltlos glauben. Denn für mich ist das Glaubensbekenntnis eher so etwas wie ein Fundament unseres Glaubens: Da kann ich mich draufstellen und sicher sein: Hier ist mein fester Grund. Da kann ich mich tragen lassen, auch ohne mich auf jede einzelne Stelle des Fundaments zu stellen. Tragen tut es mich trotzdem.« Wenn Sie das so sagen würden, wären Sie nach unserer Wahrnehmung gar nicht so weit von den meisten Konfis, die wir erlebt haben, entfernt: Auch sie fanden bestimmte Aussagen problematisch und »kaum zu glauben«, auch sie waren sich manchmal unsicher, ob Gott wirklich wie ein Vater ist (und ob das überhaupt wünschenswert wäre ...) oder ob er die Welt wirklich geschaffen hat. Und auch für viele unserer Konfis war es wichtig, sich das Fundament ihres Lebens nicht selber bauen zu müssen, sondern sich auf etwas Vorgegebenes stellen zu können, von dem andere Menschen sagen: »Das funktioniert. Das trägt. Da hast du Halt und versinkst nicht im Sumpf.« Wir glauben, dass jede Auseinandersetzung mit dem Credo – ganz gleich, ob sie von Jugendlichen oder Erwachsenen, theologisch gebildeten oder ungebildeten Menschen vollzogen wird – in dieser Spannung steht: Bekenntnisse fordern dazu heraus, zu oder – um im Bild zu bleiben – irgendwie und irgendwo auf ihnen Stellung zu beziehen. Wer eine eigene Stellung bezieht, hat begriffen, was ein Bekenntnis will. Im Prozess einer solchen Stellungnahme geschieht unweigerlich eine persönliche Aneignung dieses Textes, die bestimmte Bereiche ausblendet und andere Bereiche in den Augen anderer Leute verzerrt oder missversteht. Im Abschnitt Konfirmation haben wir etwas genauer beschrieben, wie wir uns den Prozess des Bekennens bei Konfis vorstellen und theologisch deuten. Das wollen wir hier nicht noch einmal wiederholen. Nur eine Sache wollen wir noch erwähnen: Manche Schwierigkeiten mit dem Glaubensbekenntnis haben auch schlicht und einfach mit der Sprache zu tun. Einige unserer Konfis haben Jesus für einen Schwarzen gehalten, denn es heißt ja schließlich: »... seinen eingeborenen Sohn ...«

Zur Erarbeitung des Credos gehören deshalb (mindestens) drei Dinge: Erst einmal müssen die Wörter geklärt werden, zweitens muss man mit dem Text umgehen, ihn sich zu Eigen machen und drittens muss man Stellung zu ihm beziehen. In unserer Themenerarbeitung versuchen wir, den Konfis Möglichkeiten zu allen drei Schritten zu geben.

Der Credotunnel

Damit Sie verstehen können, worüber wir hier reden, schauen Sie sich am besten kurz die Datei »m01 Credo-Tunnel« an. Alles klar?

Gut, dann kann's ja losgehen: Warum arbeiten wir mit einem Tunnel? Nun, die Darstellung ist ungewohnt und zieht schon deshalb Aufmerksamkeit auf sich. Außerdem können wir mit unserem Tunnel spielen: Man kann sich auf die unterschiedlichen Seiten stellen und prüfen, ob es so etwas wie eine Lieblingsseite gibt, auf der einem die Wörter am meisten sagen. Dabei ist es zunächst einmal völlig unerheblich, ob hier ein sinnvoller sprachlicher Zusammenhang entsteht oder nicht. Dann können wir auch in einen Tunnel hineinkriechen, uns einen eigenen Weg durch die Wortwände bahnen, der uns immer tiefer in den Text führt. Ein Gefühl von: »Jetzt müssen wir uns da richtig reinknien« entsteht.

Wenn wir an dem Punkt angekommen sind, fangen wir an, etwas genauer hinzugucken: Wir suchen mit den Konfis nach den Begriffen, die für sie besonders wertvoll und wichtig sind. Sie können sich vergewissern, dass auch sie mit bestimmten Aussagen von diesem Credo gestützt, getragen und mitgemeint sind.

Im letzten Schritt werden dann alle Worte abgedeckt, bei denen es schwer fällt zuzustimmen bzw. bei denen es schwer fällt, sie überhaupt zu verstehen. Häufig sind es die Worte »hinabgestiegen«, »Reich des Todes«, »Jungfrau«, »Auferstehung«, »eingeborenen«. Natürlich können wir das so nicht stehen lassen. Aus dem Credo wird sonst ein Torso, aus dem sich jede/r herausnehmen kann, was ihm/ihr nicht passt. Doch wenn wir die Konfis auffordern, sich zu überlegen, wie dieses Wort, dieser Satz neu formuliert werden kann, in eine Sprache gebracht werden kann, die sie selbst verstehen, beginnen wir einen Aneignungsprozess, der Stellungnahme ermöglicht und bereits darstellt. Dabei erweisen sich manche Begriffe als zu komplex oder zu schwierig. Diese müssen dann in einer größeren Gruppe diskutiert werden. Es geht nicht, Konfis aufzufordern, eine neue Formulierung für etwas zu finden, dessen Sinn sie ganz und gar nicht verstehen.

Am Ende dieses Arbeitsganges steht eine neue Formulierung des Credo, das Konfi-Credo: Sie verstehen seine Wörter und haben sich seine Bedeutung erschlossen. (Für Leute, die weniger Zeit haben, kann hier Schluss sein.) Dieses Credo kann als Glaubensfahne gestaltet oder auch als Text gesprochen in den Konfirmationsgottesdienst eingebracht werden.

»Ich glaube, dass …« – das Credo der Gruppe

Wie gesagt, sie können mit der Erarbeitung eines neu formulierten Credos aufhören. Aus unserer Sicht sollten wir aber noch weitergehen. Denn es ist *eine* Sache, einen fertigen Text neu zu gestalten oder zu übersetzen. Aber es ist eine andere und viel spannendere Sache, zu diesem Text auch selbst Stellung zu beziehen. Auf dem Hintergrund der letzten zwei Jahre überlegen die Konfis: »Wo kann ich zustimmen, wo weniger, wo auf keinen Fall?« Wir schlagen Ihnen vor, den Konfis Möglichkeiten zur Verfügung zu stellen, ihre »Glaubenskompetenz« unter Beweis zu stellen, also – in einer Momentaufnahme – zu formulieren, wie sie sich die Beziehung von Gott und der Welt denken. (Mit den Einwänden, die es dazu gibt, setzen wir uns im Abschnitt »Konfirmation« auseinander – besonders in den letzten beiden Abschnitten des Textes.)

Wir möchten Ihnen einige Beispiele zeigen – auch um Ihnen Lust zu machen, das selbst einmal auszuprobieren.

Aus dem Konfirmationsbekenntnis unserer Konfis 2001

… Ich glaube, dass Gott alle Menschen geschaffen hat, uns lieb hat und uns beschützt. Gott ist mein Retter in der Not.

… Ich glaube, dass Jesus Christus Gottes Sohn ist, sein Übermittler. Er hat den Frieden geschaffen. Er ist mutig und stark gewesen. Er hat viele gute Taten vollbracht und Menschen geheilt. Er ist der Messias, der für uns ans Kreuz genagelt wurde.

… Der Heilige Geist wacht über uns.

… Ich brauche den Glauben an Gott, damit ich mein Leben selbst in die Hand nehmen kann.

… Ich glaube an das ewige Leben, weil ich es mir nicht vorstellen kann, nicht mehr da zu sein.

… Ich glaube an Gott, denn er hört einem Menschen immer zu, auch wenn Freunde oder Eltern keine Zeit haben. Denn Gott ist immer da.

... Ich glaube, dass Gott die größte Macht hat und dass der Tod nicht das Ende ist. Ich glaube an das ewige Leben.

... Gott will für uns ... das Leben, die Freude, bis in alle Ewigkeit.

(Übrigens – nur falls Sie da Zweifel hegen: Auch unsere Konfis (Marco, Kevin & Schakeline) gehen auf Hauptschulen, sind nervig und unruhig und anstrengend und kommen aus Elternhäusern, die kaum oder nicht von Gott erzählen. Aber das ist wirklich nur die eine Seite von ihnen ...)

Und? Lust gekriegt ☺? Na dann: Viel Spaß bei der Einheit, die – es sei nur noch einmal ausdrücklich gesagt – am besten kurz vor der Konfirmation platziert ist. War Ihnen aber ja sowieso schon klar ...

Verlaufsplan: Soundauchanders

Wann und wo	Was	Wie
Stuhlkreis 15 Minuten	**I Der Credo-Tunnel** **1. Annäherung** *Bitte stellt euch in einem Kreis um den Tunnel auf.* *Geht jetzt bitte um den Tunnel herum.* *Ich lese währenddessen den Text vor, den ihr vor euch seht: das Glaubensbekenntnis.* Lesen des Textes, während die Gruppe um den Text geht. Ist der Text ganz vorgelesen, geht es weiter: *Schaut euch noch einmal die vier Seiten des Tunnels an: Welche Seite gefällt euch am besten? Auf welcher Seite stehen die Wörter, die euch am meisten sagen oder bedeuten? Stellt euch auf diese Seite!* Wenn alle stehen, spricht die/der Unterrichtende nochmals das Credo und die Konfis stimmen jeweils dann e n, wenn der Text an der Reihe ist, den sie vor sich sehen. Sie können noch weiter mit den Wörtern spielen und ein kleines Konzert aus Lieblingswörtern kreieren oder dirigieren. Jede Seite kommt einzeln dran. Je größer das Wort geschrieben ist, desto lauter wird es gesprochen. Im Finale sprechen alle Seiten gleichzeitig. Versuchen Sie es einmal: Es macht Spaß und drei können ... (Die Schritte zwei und drei können Sie auch weglassen, wenn Sie meinen, dass Ihre Gruppe so viel Textarbeit nicht durchhält. Dann machen Sie einfach bei Schritt vier weiter.)	Auf dem Boden liegt der Credo-Tunnel aus (m01). Um mit dem Credo-Tunnel arbeiten zu können, brauchen Sie eine Vorlage, die Sie auf dem Boden auslegen können. Dazu kopieren Sie den Tunnel (m01) auf Folie, heften Tonpapier oder große Papierstreifen an eine Wand, projizieren mit dem Overheadprojektor die Folie darauf und malen die Vorlage mit einem dicken Edding ab (etwa 1 Stunde Bastelzeit; lohnt sich aber wirklich. Einmal hergestellt, können Sie den Tunnel in ganz vielen verschiedenen Gruppen benutzen: Bibelkreise, Frauenhilfen, Männergruppen, ...).
Plenum Arbeit in 2- bis 3er-Teams 15 Minuten	**2. Die Verben** *Bitte findet jetzt alle Verben oder Tuwörter in diesem Text. Z.B. heißt es hier: »... er sitzt zur Rechten Gottes«. Schreibt das Verb auf eine Karte und überlegt, wo in eurem Alltag dieses Wort sonst vorkommt. Findet dazu Sätze.* *Nach 5 Minuten stellen wir uns diese Sätze vor. Bitte sagt immer dabei, aus welchem Wort ihr euren Satz gefunden habt.*	Karten und Eddings
5 Minuten	Pause	
Plenum 15 Minuten	**3. Helles** *Guckt euch noch einmal den Text in diesem Tunnel an. Welche Wörter oder Sätze erscheinen euch besonders wichtig und sagen vielleicht etwas darüber aus, woran ihr glaubt? Setzt dann ein Teelicht auf diese Stelle.* Der /die Unterrichtende spricht nun den Text des Credo, die Konfis stimmen jeweils bei »ihrem« Wort ein.	Ausreichend angezündete Teelichter stehen um den Text herum (mind. 1 pro Konfi)

Wann und wo	Was	Wie
Plenum 30 Minuten	**4. Dunkles** *Bitte nehmt jetzt Karten und bedeckt damit die Worte oder Begriffe, die ihr unverständlich findet oder denen ihr nicht oder nur wenig zustimmen könnt.* Die Konfis decken Wörter oder Phrasen im Credo ab. Sind sie damit fertig, zählen Sie kurz durch, wie viele Wörter und Phrasen abgedeckt sind. (Bei uns waren es in der Regel um acht.) Bitten Sie die Konfis dann, so viele Arbeitsgruppen zu bilden (also bei uns z.B. acht AGs; ist ihre Gruppe dafür zu klein, bekommt jede AG mehrere Arbeitsaufträge. Sie verstehen schon, was wir meinen, wenn Sie einfach weiterlesen.). Fordern Sie jede Gruppe auf, sich ein Wort/eine Phrase auszusuchen, mit der sie weiterarbeiten wollen. Hier müssen die Konfis ein paar Einigungsprozesse durchlaufen. Lassen Sie ihnen etwas Zeit dafür. Hat jede Gruppe »ihr« Wort, bitten Sie die Konfis, genau dieses Wort auf die Karte zu schreiben. Dann geht's weiter: *Überlegt gemeinsam, wie ihr die diese Wörter übersetzen müsst, damit sie für euch sinnvoll, bedeutsam, glaubwürdig werden. Ihr könnt dafür auch ein Wörterbuch benutzen. Ihr könnt auch jemanden anrufen, um seinen oder ihren Rat zu erfragen. Habt ihr eure Übersetzung gefunden, schreibt sie bitte auf die Rückseite eurer Karten und legt sie auf die entsprechende Stelle unseres Tunnels. Wichtig ist noch Folgendes: Die anderen in der Gruppe dürfen euch befragen, warum ihr ausgerechnet diese Übersetzung gewählt habt. Alles klar? Dann los!* (Falls Worte ungeklärt bleiben, müssen diese in einer Plenumsrunde von allen diskutiert werden.) Wenn alle fertig sind und die »neuen« Worte von dem Credo-Tunnel liegen, können alle noch einmal zu einzelnen Übersetzungen nachfragen. Vielleicht muss auch noch das eine oder andere Wort verändert werden. Gibt es einen Konsenstext, stellen sich alle noch einmal um das Credo herum und sprechen den Text gemeinsam.	Dunkle Karten. Helle Karten. Stifte, Wörterbücher (Duden), Lexika, Internet usw. (alles, woraus man schnell und einfach Informationen beziehen kann)
15 Minuten	Pause	
Zwei Teilplenen ca. 60 Minuten	Wollen Sie das Glaubensbekenntnis nicht noch persönlicher werden lassen, können Sie den Prozess an dieser Stelle beenden, indem Sie mit den Konfis eine Glaubensfahne herstellen (z.B. auf Bettüchern). Eine mit dem »Original-Credo«, eine mit dem »Konfi-Credo«. Diese können dann im Konfirmationsgottesdienst beim Einzug in die Kirche voran getragen oder vom Kirchturm gehängt werden. Möchten Sie aber die persönlichere Variante, dann überspringen Sie diesen Schritt und gehen gleich weiter zu »II. Ich glaube, dass …«	zwei Stoffbahnen. Stoffmalfarbe

Plenum Einzelarbeit 45 Minuten	**II Ich glaube, dass ... Das Credo der Gruppe** **1. Zwei Jahre im Schnelldurchlauf** Haben Sie bereits die Glaubensfahne (s.o.) erstellt, ist das Folgende nicht mehr sinnvoll. Den nächsten Schritt müssen Sie nicht mehr machen. Im anderen Fall geht es jetzt mit Schritt 1 weiter. Bevor es losgeht, erklären Sie den Konfis den Sinn des folgenden Schritts: Sie haben zwei lange Jahre gearbeitet. Sie haben viel erlebt, viel hergestellt, viel zusammengetragen. Jetzt ist es Zeit, sich einmal einen Überblick zu verschaffen, eine persönliche Zusammenfassung zu versuchen. Eine Prüfung ist das nicht: Richtig und falsch gibt es nicht. Jeder und jede kann hier das zu Gott sagen, was ihm oder ihr wichtig ist. Loben Sie noch einmal Ihre Gruppe und ihre Arbeit. Sagen Sie genau, was Sie von Ihren Konfis gelernt haben. Teilen Sie ihnen mit, dass es nun darum geht, in ganz eigene Worte zu fassen, was die Konfis über Gott und Kirche denken und fühlen – und dass diese eigenen Worte im Konfirmationsgottesdienst als Bekenntnis der Gruppe gesagt werden soll. Dann kann's losgehen: Jede/r erhält m02. *Sucht euch jetzt einen Platz, an dem ihr ungestört seid. Nehmt euch Zeit, dieses Arbeitsblatt zu bearbeiten. Es enthält Aussagen von all dem, was wir zusammen uns erarbeitet haben. Es soll euch helfen herauszufinden, wie ihr die Sache mit Gott seht.*	Arbeitsblatt m02. Stifte. CD-Spieler, ruhige Musik
15 Minuten	Pause	
4 Klein- gruppen 45 Minuten	**2. Aus meins und deins wird unser (Konsensbildungsprozess)** Sind alle Konfis fertig, kann es weitergehen: Teilt euch bitte in vier Gruppen auf. Nehmt eure bearbeiteten Blätter mit. Ihr braucht sie jetzt. • In den Gruppen: Aufteilung in zwei Untergruppen • Arbeit mit m03. Eintragen der persönlichen Ergebnisse in der Untergruppe. • Dann Herstellung eines Plakats der Kleingruppe aus den beiden Vorlagen der Untergruppen, indem gemeinsame Formulierungen gefunden werden. Vorher überlegen, wer schreibt.	Arbeitsblatt m03 mindestens in DIN-A3-Form auf starkem Plakatkarton 15 Plakate werden benötigt. Ausreichend Stifte
Zwei Teilplenen 45 Minuten	Zwei Kleingruppen präsentieren sich ihre Ergebnisse und fügen die zwei Plakate zu einem zusammen.	Zwei Credoplakate der beiden Teilplenen. Stifte
Plenum 15–20 Minuten	Im Plenum entsteht das Credo-Plakat der gesamten Konfigruppe. Schöne Gestaltung. Präsentation im Konfirmationsgottesdienst. Gemeinsames Sprechen als ihr Credo.	

IV. Dies und das

Zehn Gebote – müssen ja auch sein

1. Vorbemerkung

Anders als bei den Plakaten »Psalm 23« und »Credo« stellt die Gestaltung des Plakats »Zehn Gebote« (siehe CD-ROM unter IV. 1, »2 Das Plakat«) keine unmittelbaren Möglichkeiten zur unterrichtlichen Erarbeitung des Themas zur Verfügung. Die hier vorgelegte Themenerarbeitung rekurriert deshalb nicht auf das Plakat. Seine Funktion ist es, diesen zugegebenermaßen wichtigen Text der jüdisch-christlichen Tradition einfach im Unterrichtsraum präsent zu halten.

Wer trotzdem mit dem Plakat arbeiten möchte, hat zwei Möglichkeiten:
- Man kann versuchen, mit den Jugendlichen in ein Gespräch über die Hervorhebungen im Text zu kommen: Welche Wörter hätten die Konfirmandinnen und Konfirmanden hervorgehoben und warum? ➡ Die Konfirmandinnen und Konfirmanden können den Text des Plakats auf Diskette mit nach Hause nehmen, um auf ihrem Computer ihre Version anzufertigen.
- Man kann versuchen, über die graphische Hintergrundgestaltung »Ich – Du« in ein Gespräch zu kommen.

Diese Möglichkeiten können sich auch als Weiterarbeit an die hier vorgelegte Themenerarbeitung anschließen.

2. Ein paar exegetisch-häretische Gedanken zum Thema:

Kein KU-Buch ohne Zehn Gebote! Die Katechismustradition wirkt und wirkt ... – über die exegetische Legitimation dafür wird nur wenig nachgedacht. Wir können uns ein paar »exegetisch-häretische« Gedanken zu diesem Thema nicht verkneifen:
Auf dem Hintergrund der Katechismustradition des Kirchlichen Unterrichts ist es verständlich, dass die Zehn Gebote in jedem KU-Buch auftauchen (in

unserem ja auch!). In exegetischer Hinsicht halten wir dies jedoch für frag-
würdiges Phänomen: Schließlich waren die Zehn Gebote ursprünglich kein
Erziehungsinstrument zur Steigerung kindlicher oder jugendlicher Moral.
Vielmehr richteten sie sich an erwachsene Männer, die aufgrund ihres Be-
sitzes und ihrer Stellung in der Sippe die entscheidenden Machtpositionen
im Gemeinschaftsleben besetzten. Einen Missbrauch dieser Macht auszu-
schließen und ihren verantwortungsbewussten Gebrauch zu fördern, war
die Aufgabe der Zehn Gebote.

Konfirmandinnen und Konfirmanden sind weder Männer, sondern Jungen
und Mädchen, noch besetzen sie die entscheidenden Machtpositionen in
unserer Gesellschaft. Ihre Lebensphase stellt sie vielmehr vor die Aufgabe,
erst noch ein Verhältnis zu gesellschaftlicher Macht und Verantwortung zu
entwickeln bzw. diese Macht den Erwachsenen abzuringen.

Die Adressatenverschiebung von mächtigen Männern hin zu in ihrer Macht
stark beschränkten Mädchen und Jungen ist für die Erarbeitung des Themas »Zehn Gebote« im KU unserer Ansicht nach von entscheidender Bedeutung: Wer die Jugendlichen mehr oder weniger bruchlos zum Adressa-
tenkreis der Zehn Gebote macht, wird in aller Regel folgende Reaktion provozieren: Die Jugendlichen werden die Gebote nicht in Frage stellen oder
bekämpfen, sondern einfach als altmodisch oder auch als »im Großen und
Ganzen schon irgendwie nicht falsch« links liegen lassen. Diese Reaktion
zeigt ein intuitives (und exegetisch angemessenes) Bewusstsein der Jugendlichen dafür, dass sie mit diesen Texten eben nicht gemeint sind.

Das Gros heutiger Jugendlicher gewinnt eigene Werte weder durch Traditions-
leitung (wie häufig noch in der Großelterngeneration) noch durch Traditions-
bekämpfung (wie tendenziell in der Elterngeneration), sondern durch individuell gesteuerte Traditionsaneignung. Diese Aneignung geschieht durch eine
in ihrem Modus schwer zu erhellende Verkoppelung von eigenen Erfahrungen,
glaubwürdigen Personen und plausiblen vorfindlichen Werten. Die Zehn Gebote als eine solche Verkoppelung von Erfahrungen, Personen und plausiblen
Werten darzustellen, ist Ziel der folgenden Themenerarbeitung.

Dieses Ziel soll erreicht werden, indem den Jugendlichen der Sitz im Leben
der Zehn Gebote vor Augen geführt wird. Die Bilderwelt, welche die Themenerarbeitung als Sitz im Leben aufbaut, ist die der im Kulturland sesshaft gewordenen und Land besitzenden Bauern im zweiten Jahrtausend vor Christus. Die
durch Landerwerb und Sesshaftwerdung in einem multikulturellen Kontext
entstehenden Konflikte plausibilisieren die Forderungen der Zehn Gebote.

Ganz bewusst rekurriert der vorliegende Entwurf nicht auf die Bilderwelt,
die sich mit dem Sinai bzw. dem Horeb verbindet. Stellt man nämlich die

Zehn Gebote in diese Bilderwelt, so erscheinen sie unweigerlich als willkürlich göttlich-autoritäre Setzungen, denen jede Plausibilität fehlt. Themenerarbeitungen, die sich auf diese Bilderwelt beziehen, versuchen in aller Regel eine *nachträgliche* Plausibilisierung der Setzungen der Zehn Gebote durch Abmilderung des Autoritären zu erreichen: z.b. indem sie zu den »Zehn An-Geboten« uminterpretiert und degradiert werden. Dies ist exegetisch jedoch der falsche Weg: Denn die Zehn Gebote sind autoritäre Setzungen!

Der Rekurs auf die Bilderwelt sesshaft gewordener Bauern ist auf eine solche Uminterpretation der Gebote nicht angewiesen. Vielmehr kann im Rahmen dieser Bilderwelt der Sinn und die Notwendigkeit ihrer autoritären Setzung plausibel werden.

Neugierig geworden? Gut! Dann kann es ja jetzt an die Spielvorbereitung gehen:

3. Spielvorbereitung

Zur Vorbereitung der Themenerarbeitung müssen Sie einfach die Bilder und Texte in den Ordnern »2 Bilder zum Spiel« und »3 Rechtstexte zum Spiel« (im »Oberordner« »Das Spiel«) ausdrucken. Die jeweiligen Dokumente teilen Ihnen mit, ob über den einmaligen Ausdruck hinaus Weiteres vorzubereiten ist (z.B. Vergrößerungen, Kopien, farbiger Ausdruck oder Kopie auf farbiges Papier).

Die Spielanleitung im Ordner »1 Liesmich« führt Sie Schritt für Schritt durch das Spiel hindurch.

Das Spiel selbst ist übrigens nicht auf unserem Mist gewachsen: Ausgedacht hat es sich Christoph Beyer, der zwischen 1996 und 1999 im Entsendungsdienst im Fachbereich KU am PI in Villigst gearbeitet hat. Heute ist er Pfarrer in Valdorf/Ostwestfalen und macht dort immer noch guten KU! Danke, Christoph, für die schöne Zeit am Institut!

Vorschläge für die Arbeit mit Psalm 23

Psalm 23 (s. CD-ROM IV, 2) gehört zum »Standardprogramm« im KU. Deshalb gibt es auch viele gute didaktische und methodische Überlegungen zu diesem Text. Wir wollen keine weiteren daneben stellen, sondern Ihnen unsere Idee zur Arbeit mit dem Text vorstellen:

Vorschlag 1

Sie arbeiten in Kleingruppen von 3 bis 4 Personen. Jeder Kleingruppe werden die versweise ausgedruckten Piktogramme gegeben (sind auf der CD als Word-Dateien; müssen Sie nur noch ausdrucken). Sie führen so oder ähnlich in die Kleingruppenarbeit ein:
»Ihr seid ein Forscherteam, dem ein verschlüsselter Text aus der Bibel in die Hände gefallen ist. Es ist ähnlich wie bei den ägyptischen Hieroglyphen. Wenn ihr die Bedeutung der Zeichen richtig interpretiert, ergeben sie einen Satz. Diese Sätze sollt ihr herausfinden. Wir werden dann vergleichen, was ihr gefunden habt.«
Den Gruppen wird Zeit gegeben, die Zeichen zu entschlüsseln. Vielleicht müssen hier und da eine kleine Hilfestellung geben. Sind alle Kleingruppen fertig, werden die einzelnen Texte vorgestellt: Was ist ähnlich? Wo liegen unterschiedliche Deutungen vor?
Dann führen Sie mit dem Plakat Psalm 23 ein. Vielleicht ergeben sich interessante Querverweise, vielleicht auch gute Neuformulierungen / Interpretationen des Psalms. Alle Texte werden aufgehängt. Hier kann auch das Plakat ins Spiel gebracht werden. (Der farbliche Hintergrund beim Plakat nimmt in der Farbgebung blau – grün – gelb noch einmal zentrale Motive des Psalms auf: Blau für Wasser / Erquickung / Stärkung; Grün für Weide / Nahrung; Gelb für Sonne / Furchtlosigkeit / Gutes). Vielleicht eigene farbliche Gestaltung für die Hintergründe der Texte?

Vorschlag 2

Ist der Psalm bereits in der Gruppe bekannt, können Sie auch folgendermaßen arbeiten:
Die Pictogramme werden auf Karton geklebt, vers- oder zeilenweise ausgeschnitten und in der Mitte (Stuhlkreis) verteilt. Bei größeren Gruppen empfiehlt es sich, mehrere Sätze anzufertigen. Die Gesamtgruppe (ggf. Teilgruppen) wird gebeten, die durcheinander geratenen Zeilen wieder zuzu-

ordnen. Der originale Psalmtext fungiert dabei als roter Faden, mit dessen Hilfe die Symbole angeordnet werden können. Das hat zugleich wiederholenden Charakter.

Dieses Symbolpuzzle kann auch als spielerisches Element in eine Andacht eingebaut werden.

Noch eine Idee

In unserem Buch arbeiten wir hier und da mit Lernstationen (Beten, Theodizee). Psalm 23 bietet sich auch für diese Arbeitsform an: Seine bilderreiche Sprache reizt zu einer Umsetzung in Lernstationen. Wie wäre es, wenn die Konfis in Kleingruppen zu bestimmten Versen oder Versabschnitten Lernstationen bauen, an denen sie oder auch andere (Gemeindefest?) den Psalm 23 nach-er-leben können?

Methoden für die Konfirmandenarbeit – eine kleine Sammlung

Im Laufe unserer Arbeit der letzten Jahre hat sich eine große Zahl an Methoden für die KA eingefunden. Wir möchten sie Ihnen gerne zur Verfügung stellen und bieten Ihnen auf diesen Seiten eine kleine Beispielauswahl an. Den weit größeren Teil der unterschiedlichsten Methoden finden Sie auf der beiliegenden Material-CD (s. CD-ROM IV, 3).

Folgende Hinweise sind dabei wichtig
Wir haben eine Aufteilung nach dem Methodenschema von Hilbert Meyer gewählt. Bitte sehen Sie sich dazu doch noch einmal unsere Grafik mit dem Methodenkreuz an.
Wenn wir also diese vier Achsen zusammenbringen, so entsteht ein differenziertes Bild von:
1. Methoden, die vom Einsatz des Körpers oder einzelner Körperteile leben und die Lehrende fest in Händen halten
2. Methoden, die vom Einsatz des Körpers oder einzelner Körperteile leben und die Lernende fest in Händen halten
3. Methoden, die vom Einsatz von Sprache leben und die Lehrende fest in Händen halten
4. Methoden, die vom Einsatz von Sprache leben und die Lernende fest in Händen halten.

Wir möchten in diesem Abschnitt nichts anderes tun, als eine Sammlung vielfältigster Methoden aufzubereiten. Bitte denken Sie jetzt nicht, nur handlungsorientierte Methoden, die sich durch selbsttätiges Handeln der Konfis auszeichnen, seien »gut«. Ob eine Methode gut ist, also ob sie ihre Funktion innerhalb eines Lernprozesses erfüllt, hängt von verschiedenen Faktoren ab: von der Struktur der Konfis, der Beziehungsebene zwischen Konfi und Unterrichtenden, der methodischen Präferenz der Unterrichtenden bzw. der Konfis – und nicht zuletzt vom Thema und von der Art seiner Herangehensweise.
Gut ist es, eine große Bandbreite von Methoden zu haben, die sich in entsprechenden Lernsituationen präzise und sicher einsetzen lassen. Zwei Dinge müssen Sie dabei jedoch wissen und dabei soll Ihnen unsere Methodensammlung helfen: Sie müssen wissen, auf welche Weise Ihre Konfis durch die von Ihnen gewählte Methode angesprochen und motiviert werden. Und Sie müssen wissen, welche Konfis von dieser Methode besonders profitieren und welche hier eher Schwierigkeiten haben. So ist ein Rollenspiel

sicher eine prima Sache, macht in unseren Augen viel Spaß und kann das Thema wunderbar erschließen. Das alles ist aber nutzlos, wenn Sie eine Gruppe haben, die Rollenspiele mehrheitlich »doof« findet.
Also, schöpfen Sie die ganze Bandbreite unserer Methodensammlung aus, probieren Sie ruhig mal etwas Neues aus! Ihre Konfis werden sich für die Vielfalt ihrer Methodenauswahl bedanken.

Methoden, die vom Einsatz des Körpers oder einzelner Körperteile leben

In der Durchführung:
Methoden, die Lehrende fest in Händen halten

FANTASIEREISE

Beschreibung: Gruppe macht eine angeleitete Entspannungsübung mit geschlossenen Augen (Grundübung des autogenen Trainings, o.Ä.). Die leitende Person regt die Fantasiereise an durch das Vorgeben von Bildern/Orten, die möglichst fantasieanregend sind. Es sollten möglichst auch die verschiedenen Sinne in der Vorstellung angesprochen werden. Das Beenden der Fantasiereise sollte nicht zu abrupt erfolgen. Der Gruppe sollte Zeit gegeben werden, wieder in die Wirklichkeit anzukommen. Eine anschließende Austauschrunde (»Wie war es?«) ist sehr wichtig.

Material: nicht unbedingt erforderlich, evtl. ruhige Musik oder irgendwelche Gegenstände, die Ausgangspunkt der Fantasiereise sind (würde Fantasie aber evtl. einschränken).

FERNSEHSTUDIO

Beschreibung: Ein Fernsehstudio wird aufgebaut, aus dem Liveberichte aus unterschiedlichen Gegenden übertragen werden. Der Unterrichtende ist der Sprecher im Studio, die Konfis die Live-Berichterstatter.

Material: Mikrofon

SCHARADE

Beschreibung: Pantomimisch werden Begriffe dargestellt zu einem Text oder Thema.

Material: Karten mit entsprechenden Begriffen

VERNISSAGE/MUSEUMSZEIT

Beschreibung: In zwei bis drei Teams schlendern die Konfis durch den Raum und betrachten die Produkte aus der Themenerarbeitung. Wie in einem Museum tauschen sie sich über das Gesehene aus. Unterrichtende können die Museumszeit mit einer Leitfrage steuern (z.B. bei »Beten ist wie ...« oder »Gott und das Leiden«).

Material: die Produkte

Methoden, die vom Einsatz des Körpers oder einzelner Körperteile leben

In der Durchführung:
Methoden, die Lernende fest in Händen halten

BEGRIFFE »TANZEN«

Beschreibung: Begriffe oder Sätze mit einer Bewegung verbinden, nach und nach zusammensetzen und wiederholen (hilft beim Auswendiglernen)

Material: nicht erforderlich

KIRCHENFÜHRUNG

Beschreibung: Konfis tun sich zu zweit zusammen. Eine/r bekommt Augen verbunden und wird durch einen Raum/Kirche geführt und ertastet/erfühlt den Raum.

Material: Augenbinden

GEBETSCOLLAGE

Beschreibung: Konfis gestalten mit Naturmaterialien (Zweige, Blätter, Steine …) ein Bild zu einem bestimmten Gebetsanliegen.
Diese Pappen werden auf Stühle gelegt. Jeder Konfi stellt sich vor einen Stuhl, besieht sich das Bild für eine Minute und schreibt eventuell einen Gebetssatz auf, der ihm dazu einfällt. Auf ein Signal wechseln Konfis die Plätze.

Material: Pappen, Eddings, Naturmaterialien (suchen Konfis selbst) evtl. Gong

Methoden, die vom Einsatz von Sprache leben

In der Durchführung:
Methoden, die Lehrende fest in Händen halten

STATIONENSPIEL (Z.B. BEI EXODUSGESCHICHTEN)

Beschreibung: 3 – 5 Mannschaften bilden. Jede hat Bibeln, Würfel, Spielklotz. Reihum wird gewürfelt und die Spielfigur um die Augenzahl vorgesetzt auf einem Spielplan. Dort befinden sich in unregelmäßigen Abständen Ereignisfelder (farblich abgehoben). Dann muss Spielfigur anhalten. Spielleiter liest dazu biblische Ereignisse mit einer Frage am Schluss und Angabe der Bibelstelle. Wer die Frage als erste Mannschaft beantwortet, darf z.B. fünf Felder vor etc.

Material: Spielplan, Karten mit biblischen Texten und Fragen, Spielfiguren, Würfel, Bibeln

DALLI-KLICK (BILDBETRACHTUNG)

Beschreibung: Ein abgedecktes Bild wird nach und nach aufgedeckt. Konfis erzählen sich, was sie erkennen, und deuten den Fortgang.

Material: Bildfolie, Puzzleabdeckpapier, OHP

BIBELQUIZ

Beschreibung: Zwei Mannschaften. Wer zu vorbereiteten Fragen zuerst die richtige Antwort nennt, erhält einen Punkt.

Material: Quizfragen, Tafel oder Pinnwand, Preise

STRUKTURIERTE TEXTARBEIT

Beschreibung: Der Text wird in einzelnen Abschnitten schrittweise vorgelesen. Die Unterrichteten versetzen sich in die jeweilige Situation und schreiben Text weiter oder geben den Handlungspersonen Ratschläge.

Material: Text kann nacheinander in den entsprechenden Ausschnitten ausgeteilt werden.

BILDBETRACHTUNG

Beschreibung: Durch Fragen und verbale Impulse steuert der Unterrichtende die Wahrnehmung der Konfis von einem Bild.

Material: Bild / Dia / Folie und OHP, Diaprojektor

Methoden, die vom Einsatz von Sprache leben

In der Durchführung:
Methoden, die Lernende fest in Händen halten

STANDPUNKTE BEZIEHEN

Beschreibung: Zu strittigen Fragen werden drei mögliche Antworten vorgegeben. Die Konfis beziehen ihre Standpunkte, indem sie sich in den Ecken A, B u. C aufstellen, um sich anschließend zu ihren Standpunkten zu äußern.

Material: Kärtchen mit Fragen und Antworten & Raum mit mindestens drei Ecken

---

EXPERTENRUNDE

Beschreibung: Die Gruppe wird in zwei (oder mehr) Kleingruppen aufgeteilt, die verschiedene Standpunkte zu einem Thema erarbeiten und im Plenum (als Einzelne/r oder Kleingruppen) in einer Diskussion vertreten sollen.

Material: Informationen aus verschiedener Sicht zu einem Thema.

SCHWEIGEGESPRÄCH/STUMMER DIALOG

Beschreibung: Konfis schreiben schweigend ihren Beitrag zu einem Thema, einer Fragestellung auf einen Plakatkarton. Bei den Beiträgen dürfen auch Kommentare hinzugefügt werden. Alles geschieht schweigend. Ein Plakat für 4-5 Konfis und einen Edding pro Gruppe.

Material: Plakatkartons, Eddings

MIND-MAPPING

Beschreibung: Die Gruppe erhält einen großen Plakatkarton und verschie-
denfarbige Stifte. In der Mitte des Kartons steht in einem Kreis das
Thema/der Begriff (z.B. Gott). Die Konfis haben die Aufgabe, die Aspekte dieses Themas in unterschiedlichen (farbigen) Strängen zu erarbeiten. So kann ein Strang heißen: Gott ... und das Leiden, oder: Gott...
Vater/Mutter. Jeder Strang kann so lange mit kleineren Nebensträngen
(die von dem Hauptstrang abgehen) in derselben Farbe bearbeitet werden, bis der Gruppe nichts mehr einfällt. Pro Strang eine Farbe. Am
Ende entsteht ein detailliertes »Nervensystem«, das viele Assoziatio-
nen zum Thema verbindet.

Material: DIN-A1-Plakate, Stifte (Eddings) in unterschiedlichen Farben
für jede Gruppe

BIBELARBEIT NACH DER VÄSTERAS-METHODE

Beschreibung: Text erst laut lesen, dann noch einmal leise lesen und
Zeichen an den Rand machen: **o** = gefällt mir, **?** = verstehe ich nicht,
! = fällt mir besonders auf, ✗ = ärgert mich.

Material: Bibel, Bleistift

Alle weiteren ca. 100 Methoden finden Sie auf der beiliegenden Material-
CD-ROM.

Spiele in der Konfirmandenarbeit –
Oder: Könnwamanspielmachen?

Warum sollen wir im KU überhaupt spielen?
Wir wissen nicht, ob die Konfis Lust darauf haben. Vielleicht finden sie es auch öde zu spielen oder sagen: »Spielen ist was für Kinder. Wir sind aber keine mehr.«
Das stimmt natürlich alles. Immer wieder wird es Konfis geben, die nicht gerne spielen. Wir glauben aber, wenn wir aufgrund dieser wenigen den anderen das Spielen vorenthalten, lassen wir uns ein großes pädagogisches Potenzial ungenutzt durch die Lappen gehen.
Wir spielen unglaublich gerne mit unseren Konfis – o.k., vielleicht weil wir beide selbst wie zwei große Jungs sind. Aber wir machen unschätzbar wertvolle Erfahrungen damit.
So kann eine Gruppe, die nicht zueinander finden kann, mit spielerischen Mitteln »lernen«, aufeinander Acht zu geben, im Team zu arbeiten.
Auch Gruppenfindungsprozesse können durch Spielen beschleunigt werden.
Wir glauben, dass Spiele auch schon deswegen einen wertvollen Beitrag zum Gelingen von Lernprozessen leisten, weil Lernprozesse den Rhythmus von Anspannung und Entspannung brauchen.
Aber in erster Linie spielen wir mit unseren Konfis, weil es einfach Spaß macht; nicht mehr, aber auch nicht weniger!
Und wenn KU Spaß macht, dann ergibt sich anderes manchmal wie von Zauberhand.

Was man braucht
• Musik
• 5 Plakatkartons
• Schaumstoffball
• Tennisbälle
• Hut
• Bierdeckel
• Tesakrepp
• Besenstiel oder Stockschirm
• Post-it-notes (diese kleinen gelben Klebezettel)

Die Spiele

Titanic

»Wir beginnen mit einer Katastrophe ...
Die Titanic ist ja bekanntlich in kürzester Zeit abgesoffen, obwohl alle geglaubt haben, dass sie unsinkbar ist. Was die Menschen leider nicht wussten: Nicht die Titanic war unsinkbar, sondern ihre Rettungsboote. Die hätte man so voll packen können, dass alle Platz finden: Sie wären nicht untergegangen ...

Auf dem Boden seht ihr 4,5,6 ... 108 Rettungsboote (große Kartons, je nach Gruppengröße). Bitte steht auf und bewegt euch im Raum, so lange die Musik läuft. Hört sie auf, springt bitte in eines der Boote.«

In jeder Runde wird ein Karton weggenommen. Nach und nach finden immer mehr Konfis auf immer weniger Kartons Platz. Die Spielleitung unterbricht immer wieder einmal den Spielprozess, indem sie z.B. vorschlägt: »Ich glaube, mehr Leute gehen jetzt wirklich nicht mehr in ein Boot!« In der Regel wird es daraufhin heftige Proteste hageln, verbunden mit der Ermunterung, weiter zu spielen. Das Spiel wird beendet, wenn die Gruppe das Maß an Nähe zueinander erreicht hat, das für sie im Moment möglich ist. Jede erreichte Bootzahl wird als Erfolg gefeiert. Vielleicht ist für die Gruppe auch interessant festzustellen, dass sie zu einem späteren Zeitpunkt (auf der Freizeit z.B.) mit noch weniger Booten auskommt, weil jetzt mehr Nähe zugelassen werden kann.
Das Spiel eignet sich besonders gut für die Gruppenfindungsphase. Wir beginnen mit diesem Spiel unseren KU (gleich als Erstes vor allem anderen in der ersten Stunde!).

Schlange Schnapp

Die Gruppe steht im Kreis. Eine/r steht mittendrin und hält einen Besenstiel oder Stockschirm senkrecht auf dem Boden.
»Du glaubst, du hältst einen Besenstiel in der Hand? Falsch. Das ist die Schlange Schnapp. Du kannst dafür sorgen, dass die Schlange eine/n andere/n aus der Gruppe beißt. Rufe irgendeinen Namen und lass den Besenstiel los. Berührt er die Erde, bevor der/die, den/die du gerufen hast, ihn erwischt, wird er zur Schlange und beißt zu.«
Diese/r Konfi macht dann in der Mitte weiter. Wenn der Stock vorher gefangen wurde, werden weitere Namen gerufen. Wichtig: Der Stock darf nicht weggestoßen werden. Ist viel zu unfair.

Dieses Spiel eignet sich gut in der Anfangsphase, um sich die Namen der Mitkonfis einprägen zu können.

An den Fingerspitzen führen
»Sucht euch eine Partnerin/einen Partner. Berührt euch an den Fingerspitzen. Wenn die Musik anfängt zu spielen, führt ihr euch durch den Raum. ACHTUNG: Der/die Führende geht rückwärts durch den Raum.«
Das Spiel bereitet natürlich Themen wie Vertrauen, Sich-Verlassen-Können auf, Freundschaft usw. vor. Es führt aber auch einfach zu ein bisschen mehr Ruhe und Konzentration.

Hexe im Park
»Setz diesen Hut auf. Du bist jetzt die Hexe. Ihr befindet euch in einem Park – und du hast die Aufgabe, alle, die hier sind, zu verzaubern, indem du sie berührst. Alle können sich vor dir schützen, indem sie seltsam verzerrte Positionen einnehmen. Diese müssen sie so lange einnehmen, bis sie von einem anderen Konfi, der/die dieselbe Position vor dem/der Verzerrten einnimmt, erlöst worden sind.«
Ein gutes Spiel zum Thema »Soteriologie«! – ist natürlich Quatsch ☺. Das Spiel ist ein gutes Actionspiel, das überschüssige Energie abbauen kann oder fehlende Energien mobilisiert. Achtung: Auf jeden Fall auf Verletzungsgefahren hinweisen!

Bierdeckelmatch
Raum in zwei Felder teilen.
Mannschaft 1 bekommt einen Schwung Bierdeckel, Mannschaft zwei ebenso.
»Eure Aufgabe ist es, eure Seite von Bierdeckeln zu säubern. Die anderen sollen möglichst viele haben. Wer hinterher weniger Bierdeckel auf seiner Seite hat, hat gewonnen. Achtung: Ihr dürft immer nur einen Bierdeckel werfen. Wer mehr wirft, handelt sich Strafpunkte für seine Mannschaft ein.
Am Ende des Spiels sammelt jede Mannschaft im gegnerischen Feld die Bierdeckel ein. Die gesammelten Stapel werden gegeneinander gehalten. – Superklasseaction-Spiel.

Menschenmaschinen
Aus der Gruppe wird eine Maschine gebaut.
Was das für eine Maschine ist, bestimmt die Gruppe selber. Jede/r sucht sich in dieser Maschine eine bestimmte Funktion.
Macht Spaß, braucht aber etwas Mut auf Seiten der Konfis. Auf Freizeit-

buntenabenden klappt es fast immer. Das Spiel kann Lehrenden einen Ein-druck davon geben, welche Rolle sich jede/r in der Gruppe zutraut (Sozio-gramm-mäßig sozusagen).
Die Maschine schnell und langsam laufen lassen.

Stuhlfußball

Zwei Mannschaften sitzen sich auf Stühlen im Abstand von 1 bis 1,5 m gegenüber. Jeder Stuhl ist ein Tor. Mit dem Anstoß wird ein Schaumstoff-ball in die Mitte geworfen. Jede Gruppe versucht, ein Tor bei der gegneri-schen Mannschaft zu erzielen.
Macht einfach nur Spaß. Baut auch in kleinen Räumen überschüssige Energie ab – ist sozusagen die Winteralternative zur *Hexe im Park*.

Gruppenmühle

Zwei Mannschaften mit jeweils drei Personen spielen auf neun Stühlen (3 x 3) Mühle, ohne miteinander zu reden. Die Spielenden sind durch folgende Schil-der als Teams erkennbar: A1, A2, A3 – B1, B2, B3 (einfach auf selbstkleben-de Post-it-notes schreiben!). Sie setzen bzw. ziehen stets im Wechsel (gleich bleibende Reihenfolge!): A1, B1, A2, B2, A3, B3, A1, B1, A2, B2, ...: Hat eine Gruppe eine Mühle erreicht (waagerecht, senkrecht, diagonal), ist das Spiel beendet.
Ein gutes Spiel, um die Konzentration zu fördern. Man kann auch folgende Variante spielen: Die Spielfiguren A1 bis B3 werden von Coaches (ein A-Team und ein B-Team) gesetzt. Dadurch lernt die Gruppe, aufeinander zu hören und miteinander Entscheidungen zu treffen.

Group Juggling

Immer mehr Tennisbälle durchlaufen *in der immer gleichen Reihenfolge* die stehende oder sitzende Gruppe. Wichtig: Die Tennisbälle sollten von unten geworfen werden. Außerdem geht es nicht darum, irgendeine/n abzu-schießen.
Das Spiel erfordert eine hohe Konzentrationsfähigkeit und zeigt, wie gut die Konfis zusammenarbeiten können. Für Profis: Zu Beginn einer jeden KA-Sitzung wird *Group Juggling* gespielt. Ziel ist es, einen Tennisball mehr als beim letzten Mal in der Luft zu halten.
Zur Funktion und detaillierten Beschreibung s. auch im Abschnitt »Rituale im KU«

Tanker im Nebel
Teams zu mindestens acht Personen stellen sich in eine Reihe. Sie legen sich die Hände auf die Schultern.
»Ihr seid jetzt ein großer, schwer beweglicher Tanker in der Nordsee. Eure Aufgabe ist es, den nächsten Hafen anzusteuern. Allerdings: Nur euer Kapitän kennt die Route. Tanker werden von hinten gesteuert. Euer Kapitän ist der Letzte in eurer Reihe. Er/sie gibt die Kommandos. Durch entsprechendes Schulterklopfen wird euer Tanker gesteuert. Die Mannschaft hat gewonnen, die als Erste den Hafen (ein Ziel, möglichst draußen, das nur den jeweiligen Kapitänen bekannt gegeben wird) erreicht.«
Folgende Kommandos durch Schulterklopfen: 1 x li, 1 x re, 2 x beide Hände (= stopp), 1 x beide Hände (=volle Kraft voraus). Hier geht's natürlich um Kooperation.

Törnertanz (benannt nach unserem Kollegen Günter Törner, dem wir diesen Tanz verdanken)
Die Gruppe steht in einem Kreis. Der richtige Abstand wird gefunden, indem jede/r den rechten Arm auf die rechte Schulter des/der linken NachbarIn legt (also vor der eigenen Brust her!). Stehen alle im richtigen Abstand, geht's los: Als Nächstes wird der linke Arm auf die linke Schulter des/der rechten NachbarIn gelegt. Dann kommt die Hüfte des/der linken NachbarIn mit dem eigenen rechten Arm dran – dann die Hüfte des/der rechten NachbarIn mit dem linken Arm. Der Vorgang wird noch einmal mit dem Knie vom linken und rechten Nachbarn oder Nachbarin durchgespielt. Dann fängt die ganze Chose noch einmal von vorne an – usw. Haben alle den Bewegungsablauf einigermaßen drauf, wird das Ganze zu richtig lauter Musik probiert (Venga Boys?): Schulter rechts, Schulter links, Hüfte rechts, Hüfte links, Knie rechts, Knie links.
Der Tanz lockert eine Gruppe auf, Anspannungen weichen, Kontakt wird verstärkt.

Ritter, Jungfrau, Drache
In zwei Teilgruppen Schnick, Schnack, Schnuck mit drei Rollen spielen: Ritter (Ha!) ersticht Drachen, Drachen (Roaarrr!) überfällt Jungfrau, Jungfrau (Huuuhhh!) betört Ritter.
Durch den Raum wird mit Kreppband eine Linie gezogen. Die beiden Gruppen ziehen sich zurück und überlegen sich eine Figur (Wichtig: Alle in der Gruppe nehmen die gleiche Figur!).
Dann stellen sie sich an der Linie auf, etwa 50 cm von der Linie entfernt.

Beim Zeichen durch den Spielleiter/die Spielleiterin (»Schnick-Schnack-Schnuck«) zeigen sie sich gleichzeitig ihre Figur (durch entsprechende Gesten: Ritter sticht, Drache fällt über sein Opfer her, Jungfrau betört mit Hüftschwung). Schnell müssen sie überlegen, ob sie gegenüber der Figur der anderen Gruppe »gewonnen« haben. Dann versuchen sie, aus dieser Gruppe Spieler/innen auf ihre Seite zu ziehen (durch Berühren). Achtung: Sie dürfen die Linie dabei nicht überschreiten. Die Gruppe, die die unterlegene Figur gewählt hat, zieht sich so schnell wie möglich zurück, um nicht geschnappt zu werden. Die Spieler/innen, die auf die Siegerseite gezogen wurden, sind ab sofort Teil dieser Gruppe. Gewonnen hat die Gruppe, die am Ende die meisten Mitspieler/innen hat.
Ein super Auflockerungsspiel. Wollen Sie in Teilplenen arbeiten, können Sie diese damit wunderbar herstellen und festigen.

Rollkommando
Auf dem Bauch auf dem Boden nebeneinander liegen, eine(r) rollt über alle anderen; nacheinander alle.

Poison
Außenring aus Personen; Innenring aus Tesakrepp. Die Gruppe versucht sich gegenseitig in den giftigen Innenring zu stoßen oder zu ziehen. Wer den Innenring betritt, ist »vergiftet« und muss ausscheiden. Gespielt wird, bis nur noch zwei Personen übrig sind.

Invasion aus dem All
Alle gehen mit geschlossenen Augen im Raum herum. Einer ist das Alien (mit offenen Augen). Es schleicht auf leisen Sohlen durch den Raum und fällt irgendwann mit schrecklichem Gebrüll über einen ahnungslosen Menschen her und macht ihn so auch zum Alien. Sie haken sich unter und fallen gemeinsam mit schrecklichem Gebrüll über einen anderen/eine andere her; usw. ...

Materialliste für kreatives Arbeiten im KU

Material	Kosten in €	Bezugsquelle: z.B.
Buntstifte (pro Konfi 3)	ca. 0,60/Stück	memo-versand
Wachsmaler (pro Konfi 1 6er-Pack)	ca. 3,50/Pack	memo-Versand
Filzstifte (pro Konfi 1 10er-Pack)	ca. 4,00 /Pack	memo-Versand
Eddings (pro Konfi 3)	ca. 1,00/Stück	memo-Versand
Kugelschreiber (pro Konfi 3)	ca. 0,50/Stück	Werbegeschenkversand
Prittstifte o.Ä. (pro Konfi 1)	ca. 1,50/Stück	memo-Versand
Tesakrepp (pro Konfi 1 Rolle)	ca. 0,60/Rolle	Baumarkt
Scheren (pro Konfi 1)	ca. 2,-/Stück	memo-Versand
Teelichter	ca. 5,00/100 Stück	IKEA
Schubfächer für Stifte etc. (ca. 20 Stück)	ca. 1,50/Stück	Baumarkt
OHP-Folien	ca. 15,00/100 Stück	memo-Versand
OHP-Folien (farbig)	ca. 21,00/100 Stück	
Plakatkarton (ca. 30 in allen Grundfarben)	ca. 0,60/Stück	Schreibwarenhandel
Papier in allen Grundfarben	ca. 5,00/1000 Blatt	memo-Versand
Tennisbälle	0,-	Beim Tennisverein nach alten Bällen fragen (vorher anrufen!)
Stoffreste	0,-	In der Frauenhilfe fragen
Wollreste	0,-	in der Frauenhilfe fragen

Leere Medikamenten-schachteln (zum Basteln etc.)	0,-	In der Apotheke bitten, zu sammeln.
Holzreste	0,-	Im Baumarkt bitten, zu sammeln.
Spielgeld	0,-	Sparkasse
Ton	(ca. 10,- bis 15,-)	Bei einem/einer TöpferIn der Umgegend anfragen und über ihn/sie bestellen
Knete (1 kleiner Eimer pro 4 Konfis)	3,- pro Eimer	Bastelladen
Eine Werkzeugkiste mit Hammer, Säge, Schraubenzieher, Feile, Sandpapier, Handbohrern etc.	ca. 25,-	Baumarkt
Luftballons	(Großpackung kaufen!) ca. 25,-	Partyhandel
Spielzeughandys (10 Stück)	2,00/Stück	Real oder 50 Cent-Läden
Kickerbälle (weich, 10 Stück)	1,50/Stück	Spielzeugladen
Lippenstifte (ca. 8)	1,-/Stück	50 Cent-Läden
große Polyestertücher	ca. 1,50/Meter	Stoffläden
Nägel in versch. Größen	ca. 2,50	Baumarkt
Alles, was es umsonst gibt in Super-, Bau- und Flohmärkten		

Kosten für eine Gruppe von 20 Konfis, wenn alles neu angeschafft wird: ca. 650,- € (ausreichend für ca. drei Jahrgänge = sechs Jahre; Kosten pro Jahr/pro Konfi: ca. 5,00 €).

Memo-Versand: Telefon: 09369/905-0